【文庫クセジュ】

100語でわかる旧約聖書

トーマス・レーマー著
久保田剛史訳

白水社

目次

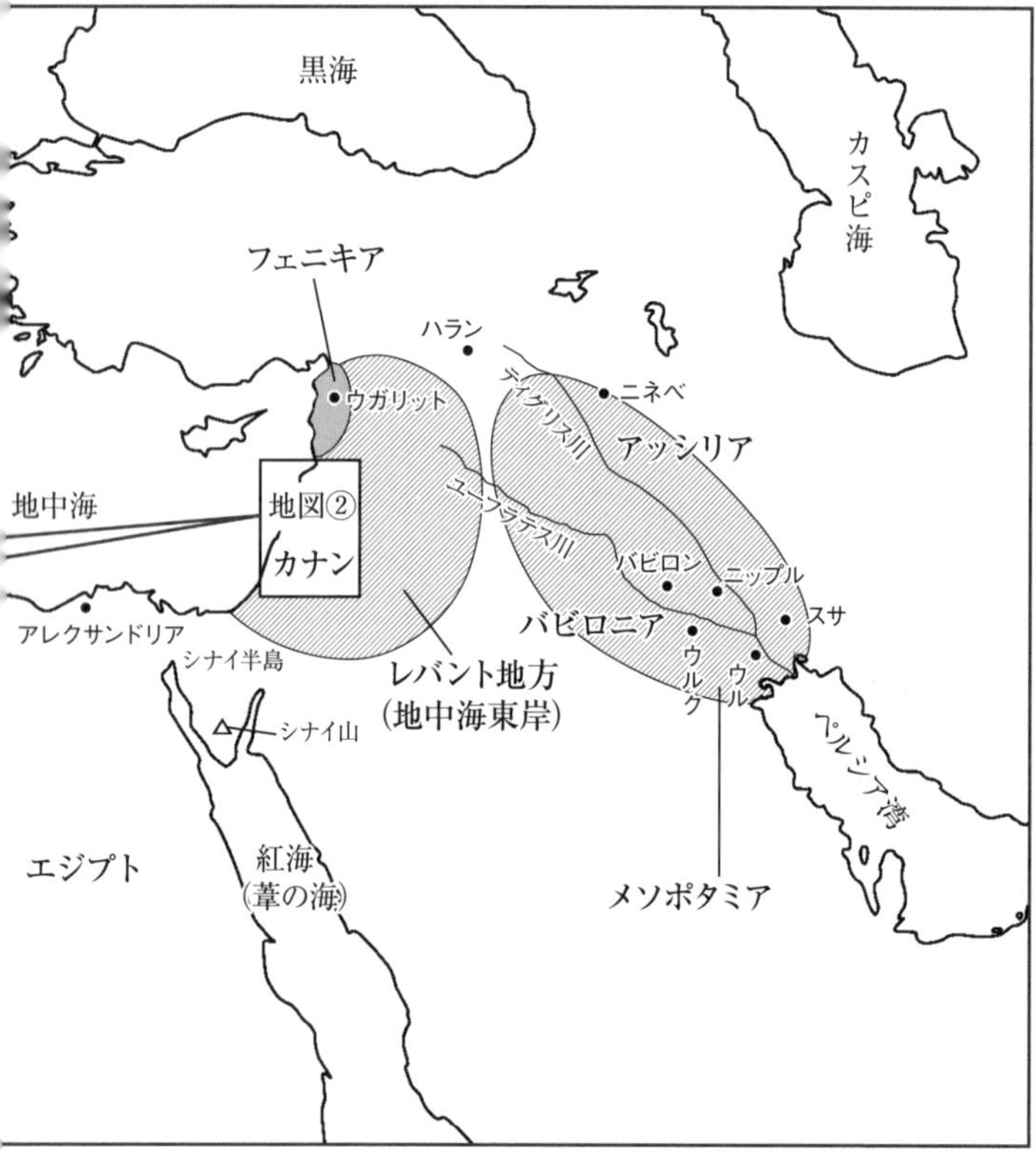
黒海
カスピ海
フェニキア
ハラン
ウガリット
ニネベ
ティグリス川
アッシリア
ユーフラテス川
地中海
地図②
カナン
バビロン
ニップル
スサ
バビロニア
アレクサンドリア
シナイ半島
レバント地方
(地中海東岸)
ウルク
ウル
シナイ山
ペルシア湾
エジプト
紅海
(葦の海)
メソポタミア

地図①　古代中近東

地図②　北王国(イスラエル)と南王国(ユダ)

まえがき

『100語でわかる旧約聖書』は、ヘブライ語聖書を知るための入門書である。ヘブライ語聖書はキリスト教用語で「旧約聖書」とよばれているが、これは厳密には正しい名称ではない（詳細については「正典」を参照のこと）。本書の100語を知るうえで、あらかじめ定められた順序はない。読者の方々には、それぞれの好みや興味にしたがって読み進めていただきたい。とはいえ、ヤハウェという語が本書のほぼ全項目にわたって頻出するため、この語に当惑を感じることのないように、まずは「ヤハウェ」から読むことをお勧めしたい。また、さまざまな項目で言及される聖書箇所を読むためにも、聖書を手元に置いておくと役に立つだろう。旧約聖書略語表を参照すれば、聖書の本文がすぐに探し出せるはずである。

もちろん、これらの100語のリストは、聖書を知るうえで完全ではないかもしれない。リストはたしかに主観的なものであり、このような書物には見つかるはずの他の項目が省かれているにちがいない。そうした項目のいくつか、たとえば「アロン」、「イサク」、あるいは「アモス」などは、他の項目に登場している。

知識とともに若干の娯楽をもたらすことを目的とした、このささやかな案内書を通して、読者の方々が、人類文明の大きな金字塔のひとつ〔である旧約聖書〕を深く知りたいという気持ちに導かれることを、私は願っている。

本書の試みを企てるにあたって、ひとかたならぬ厚情と職人的な気質で私を励ましてくださったジュリアン・ブロカール氏〔フランス語版〈文庫クセジュ〉の編集責任者〕に感謝を申し上げたい。原稿を丁寧に再読してくださり、テクストを大幅に改善するうえで非常に有益な示唆を惜しむことのなかったコレット・ブリファール女史〔クレティユ地方教育資料センター教授〕にも感謝を申し上げたい。彼女なくして、本書はこれほど早く出版されなかったであろう。

トーマス・レーマー

二〇一六年八月

旧約聖書略語表

トーラー／五書

創	創世記
出	出エジプト記
レビ	レビ記
民	民数記
申	申命記

預言者

ヨシュ	ヨシュア記
士	士師記
サム上	サムエル記上
サム下	サムエル記下
王上	列王記上
王下	列王記下
イザ	イザヤ書
エレ	エレミヤ書
エゼ	エゼキエル書
ホセ	ホセア書
ヨエ	ヨエル書
アモ	アモス書
オバ	オバデヤ書
ヨナ	ヨナ書
ミカ	ミカ書
ナホ	ナホム書
ハバ	ハバクク書
ゼファ	ゼファニヤ書
ハガ	ハガイ書
ゼカ	ゼカリヤ書
マラ	マラキ書

諸書

詩　詩編
ヨブ　ヨブ記
箴　箴言
ルツ　ルツ記
雅　雅歌
コヘ　コヘレトの言葉（伝道者の書）
哀　哀歌
エス　エステル記
ダニ・ギ　ダニエル書（ギリシア語）
エズ　エズラ記
ネヘ　ネヘミヤ記
代上　歴代誌上
代下　歴代誌下

第二正典

エス・ギ　エステル記（ギリシア語）
ユディ　ユディト記
トビ　トビト記
一マカ　マカバイ記一
二マカ　マカバイ記二
知　知恵の書（ソロモンの知恵）
シラ　シラ書（集会の書）
バル　バルク書
エレ・手　エレミヤの手紙
三マカ　マカバイ記三
四マカ　マカバイ記四
三エズ　エズラ記三（ギリシア語）
四エズ　エズラ記四（ラテン語）
マナ　マナセの祈り
詩一五一　詩編一五一

聖書箇所の章・節の略号は以下の通りとする。
創一〜一一章　（創世記一章から一一章まで）
創一・一〜五　（創世記一章一節から五節まで）
創一・一〜二・四（創世記一章一節から二章四節まで）

本文中のアスタリスク（＊）は、その語が100語の項目に含まれていることを意味する。ただし、「ヤハウェ」だけはアスタリスクがついていない。

本文中の矢印（↓）は、補足的情報が記された他の項目を示す。

旧約聖書100語一覧

凡例

一、原著の引用符は「　」で表記する。（　）はそのまま表示する。

一、本文中の〔　〕は訳者による補足を示す。［　］は著者による挿入を示す。

一、原著にラテン文字（イタリック体）で記されたヘブライ語・ギリシア語については、〈　〉で囲まれたカタカナで表記する。なお、ヘブライ語・ギリシア語のカタカナ表記については、『新聖書辞典［新装版］』（いのちのことば社、二〇一四年）に準拠し、これにない場合は訳者の意向に従った。

一、聖書からの引用文は、原則として『聖書　聖書協会共同訳』（日本聖書協会、二〇一八年）による。ただし、一部の引用文については、原著の記述に合わせて改変した。

一、聖書以外に出てくる人名・地名、人物の生没年については、聖書に関係するものは『新聖書辞典［新装版］』ないしは『旧約・新約聖書大事典』（教文館、一九八九年）に、それ以外のものは『岩波世界人名大辞典』（岩波書店、二〇一三年）に準拠した。

一、神名**YHWH**については「ヤハウェ」と訳した。また、**Bible hébraïque**という語についても、わが国では「ヘブライ語聖書」という名称があまり浸透していないことから、なるべく「旧約聖書」と訳すことにした。原著の入門書的な性質からして、一般的に知られている訳語を採用したことをご理解いただきたい。

愛と性愛（Amour et sexualité）

ヨーロッパの諸言語とは異なり、聖書ヘブライ語には「友情」と「愛情」との区別はない。この二つを表すために〈アハブ〉という語根が使用されるが、この語根は、男女間の情的関係（サム上一八・二〇）、男同士の関係（サム上一八・一）、父と子の関係（知一三・二四）、奴隷と主人の関係（出二一・五〜六）など、あらゆる種類の人間関係に用いられる。また、「愛する」という表現は、宗主と臣下の友好関係（王上五・一五）や、ヤハウェとイスラエル*の主従関係（申六・五）だけでなく、民に対するヤハウェの態度（ホセ一四・五）を表すためにも用いられる。旧約聖書では、人間同士の愛は性愛も含んでいる。雅歌は正典*に属しているが、全体にわたって愛とエロティシズムの祝福に捧げられたものである。

雅歌は、前四世紀ないしは前三世紀に書かれたが、正典に加えることができるように、ソロモン王*による著作とされた。しかし、これは「敬虔な」書ではない。ひそかな暗示を除けば、神*に対する言及はひとつもない。雅歌の言葉は、とりわけ性愛の意味も含めて、あらゆる種類の愛の表現を用いているという点で、旧約聖書における他の書と異なっている。たとえば、雅二・六および八・三の「あの方が私の頭の下に左の腕を伸べ、その右腕で私を抱いてくださる」という記述は、古代中近東〔の芸術作品〕において何度も描かれた場面であり、裸の夫婦が交わる前に抱き合っている様子を、当時の読者に思い起こさせるものである。

　さらに雅歌は、愛こそが男女の不平等を乗り越え、*死に直面した人間の生に意味を与えることができるのだ、という点を示そうとしている。たとえば雅七・一一において、女性は「私は愛する人のもの。あの方は私を求めています」と叫ぶ。ここで「求める」と訳されているヘブライ語の単語〔テシュカ〕は、*聖書では非常に珍しい語であり、創三・一六と四・七にしか見られない。人類最初の夫婦がエデンの園から追放されたとき、神は女に対して、男に支配されるという罰を与えた。「あなたは夫を求め、夫はあなたを治めることになる」〔創三・一六〕。この言葉に続いて雅歌を読むと、この書は欲望を祝福し、男女の役割を逆転させたものとなる。つまり雅歌は、創三・一六の裏返しとして読めば、恋愛関係および性的関係における男女平等を唱えたものと解釈することができる。しかも、多くの恋愛詩とは異なり、雅歌は女性の肉体や美しさだけでなく、男性の肉体や美しさも描いている。ようするに雅歌は、愛や性愛というものを、人類にとって不可避の宿命である死に抗《あらが》い、生を楽しむために人間に授けられた贈り物と見なしているのだ。「愛は死のように強い」〔雅八・六〕。

悪魔（Diable）

悪魔はわれわれの関心を集め、しかもわれわれを魅惑させる。多くの大衆映画や一般書に見られる世間的な悪魔のイメージは、ほとんどが新約聖書やユダヤ・キリスト教の外典*に由来している。これらの文書において、悪魔とは神*の宿敵のような存在であり、神や信徒たちにとって真に危険なものである。こうした二元論的な考え方との類似点や、おそらくはその起源さえも、ゾロアスター教〔古代ペルシア発祥の宗教〕に見いだされる。ゾロアスター教では、この世の悪を体現する神アンラ・マンユが、アフラ・マズダーの宿敵となっている。

旧約聖書において悪魔が果たす役割は、はるかに地味なものである。悪魔の登場は悪の問題と結びついている。多神教的な考え方において、宇宙の運命は多数の神々の行動に左右されるので、悪や苦痛の出現はさまざまな悪神や悪魔のせいにすることができる。ところが、一神教的な神学の場合には、悪の問題はより複雑になる。はたして神は世界中のあらゆる不幸の原因なのだろうか。こうして出現したのが、聖書において〈サタン〉と称される悪魔であり、ギリシア語では〈ディアボロス〉と訳された。サタンという名称は、「敵対する」あるいは「告発する」を意味するヘブライ語の語根に由来する。多くの場合、敵対者ないし告発者となるのは人間である。ただし、以下の三つの箇所においてのみ、サタンはヤハウェと結びついた人物として、天の裁きに加わっている。ゼカ三・一〜四において、サタンは、ヤハウェから逃れたとされる人間たちの罪を告発する役目を担っている。ヨブ記*の冒頭において、編纂者*はサタンが介入する場面を加えている。サタンはヤハウェの秘密工作員のように、地上を歩き回って情報を伝える。ヨブをあらゆる不幸に陥れて彼の忠実さを試してみようと思いついたのは、サタンである。しかし、サタンはヤハウェの許可なしに何もすることができない。これら二つのケースでは、サタンという名称に冠詞がついていることで、なんらかの役割が示されている。

サタンは代上二一章においてのみ、冠詞がついておらず、固有名詞として理解することができる。この箇所はサム下二四章の物語を書き直したものである。サム下二四章では、人口調査の実施という悪い考えをヤハウェ自身がダビデ*に抱かせるが、のちにダビデはそのことで罰せられる。「ヤハウェの怒りがふたたびイスラエルに対して燃え上がった。ヤハウェはダビデをそそのかして民に向かわせ、『すぐにイスラエルとユダの人口を調べよ』と言われた」（一節）。これに類似する代上二一章の物語では、神の怒りがサタンに置きかえられている。「サタンがイスラエルに対して立ちはだかり、イスラエルの人口を調べるようにダビデにそそのかした」（一節）。ここでのサタンは、神の否定的側面、もしくは神の怒りの実体のようなものとして理解される。サタンが神の敵対者として活躍するのは、それよりずっと後のことであり、旧約聖書以外の書において始まる。

アダムとエバ（Adam et Ève）

創二・四〜三・二四の物語によれば、アダムとエバは人類最初の夫婦として登場する。しかしながら、これは人類の創造を記した最初の物語ではない。すでに創一・二六〜二八において、神*は男と女を「自分の似姿」、すなわち神の代理として創造している。ここでは男女が同時に造られているが、創二〜三章では状況が異なっている。この第二の物語は、創一章とは別の次元〔ヤハウィスト資料〕から来たものであり、人間を土から造り出されたとしている。この物語における神は、泥土で人形を創作する陶芸家のようにふるまい、自分の息を吹きこんで人間に生命を与える。この物語をメソポタミア神話と比べると、興味深い変更が見られる。メソポタミア神話においても、人間は同じように粘土から造られているが、この粘土には、他の神々によって殺害された神の血が混ざっている。この血こそが人間に生命をもたらすのである。聖書の物語では血が息にとってかわっているが、人間になんらかの神的なものが宿っていると考える点では、聖書もメソポタミア神話も同じである。

創二章において、最初の人間は〈アダム〉(人)とよばれるが、この名称はまだ固有名詞ではない。というのも、この名称は〈アダマ〉、すなわち彼が耕すべき土を指す語に由来しているからである。人間は神の代理として、園*を管理するという任務に携わる。ここでもまた、人間は神々に仕えるために創造されたとするメソポタミア神話と同じモチーフが見いだされる。ヤハウェは、人間が一人でいることはできず、人間にはパートナーが必要であることに気づく。そこでヤハウェは、人間と同じ土で動物*たちをかたちづくり、それぞれに名前をつけるよう人間に言う。名前をつけるという行為は、セム族の思想においては、創造や支配*といった考えを含んでいる。すなわち神は、動物に対する優越権や支配権を人間に与えたのである。動物は、〔土という〕人間と共通の起源から生じたものの、人間にとって対等のパートナーではない。そのため神は女性を造った。ここで語り手が厳密に考えていることは、よく分からない。というのも、しばしば「あばら骨」と訳されるヘブライ語〔ツェラー〕には、実は「側面」〔対をなすもの〕という意味もあるからだ。したがって、この人間はむしろ、最初の人間の分身のようなものであり、「男」か「女」かという点で異なっているだけなのだ。二人の男女の密接な関係は、語呂合わせによって表現されている。女は〈イシュ〉（「男」）から生じたため、〈イシャ〉（「女」）とよばれる。この女にまだ名前はない。夫婦が神の園から追放されるときに、ようやく女はエバ（「命ある者」）という名前を授かる。死*は人類全体の宿命であると神が宣言したことから、アダム（ここではすでに固有名詞化されている）とエバは、生殖という行為を知る。つまり、子孫を残すことによって、死に抵抗することができるのだ。

アッシリア（Assyrie）

アッシリア帝国なくしては、旧約聖書はけっして存在しなかったであろう。前九世紀から前七世紀末までレバント地方を支配していたアッシリア人たちは、イスラエル*王国とユダ王国を属国とし、前七二二年にイスラエル王国の滅亡を招いた。しかし彼らは、ユダ王国の設立文書を執筆するためのモデルを、はからずも王国の知識人にもたらした。ユダ王国の設立文書は、アッシリア文書のレトリックや思考様式から大いに着想を得ている。たとえば、申命記*はアッシリアの宗主権条約のような手法で書かれている。この書には、アッシリアの条約文と同じような構成や語彙が見られる。しかし、申命記においてイスラエルが絶対的忠誠を誓う宗主は、アッシリア王ではなくてヤハウェである。ようするに、神がアッシリア王にとってかわっているのだ。

ヨシュア記*における征服物語も同じように、アッシリアの書記が作った軍事宣伝文書から大いに着想を得ている。これらの宣伝文書では、帝国のあらゆる敵に対するアッシリア王とアッシリア神の優位が称えられていた。ヨシュア記は、アッシリア文書から多くの逸話を借用しつつも、勝利の神をヤハウェとした「カウンター・ヒストリー」を構築しており、ヨシュアに導かれたヘブライ人*の軍隊が、アッシリアの征服者さながらにカナンの地を占領してゆく。したがってヨシュア記は、アッシリアの脅威に対する抵抗の書でありながらも、ヤハウェをアッシュール神〔アッシリアの守護神〕と同じように好戦的な神としている。

アブラハム（Abraham）

この族長*については、もし聖書がなければ、何も知ることができないだろう。いまやアブラハムは、ユダヤ教*、キリスト教、イスラム教の三大一神教が認める信仰の父である。創世記*で語られるアブラハムの物語は、前七世紀から前五世紀のあいだに記された。この物語は、さまざまな起源をもつ逸話が複数の編纂者*によってまとめられ、結びついた結果である。そこから多面的な父祖というイメージが生じる。アブラハムは、ときには模範的な信者であり、ときには神の言葉を信用しない不正な人物である。こうした複雑な人物像を通して、読者は、慈悲深い神はもちろん、人間のいけにえ*を求める、もしくは求めているかのような（創二二章）謎めいた神にいたるまで、神とのさまざまな体験にさらされる。

　アブラハムは物語のなかで名前を変えている。彼はアブラムからアブラハムとなった（創一七章）。アブラムが西方セム族の典型的な人名であることは、前二千年紀から前一千年紀の文献において確認されている。アブラムという名前は「父は高められる」という意味であり、ここでの「父」とは、おそらくその名前の持ち主が崇拝する神を指している。アブラハムという名前は、聖書以外に同じような人名は存在しない。この名前は、ヘブライ人の父祖を他の「アブラム」とよばれる人たちと区別するために、旧約聖書の編纂者が作ったものである。アブラハムという名前には、「多数」を意味するヘブライ語〔ハモン〕との語呂合わせが含まれている。こうして族長の名前は、神学的基盤のひとつになる。すなわちアブラハムは、ヘブライ人の父祖になるだけでなく、長男イシュマエル*（創一六〜一七章）の子孫である多数のアラブ人の父祖にもなり、さらには、三人目の妻ケトラ（創二五章）ともうける多くの息子たちの父祖にもなるのだ。

　アブラハムは、物語の冒頭において、家族とともにカルデア人（バビロニア人）のウルに住んでいたが、ヤハウェが示す*土地に行くよう召命を受ける（創一二・一〜九）。アブラハムは疑問を抱くことなく旅立つが、この態度は、息子をいけにえとして捧げることを*神から求められたときと同じものである。ただし、このいけにえの儀式は最終的に中断される（創二二章）。しかし他方では、ヤハウェからソドムとゴモラ*の滅亡を告げられたとき、アブラハムは神の正しさに疑問を投げかける人物でもある（創一八章）。

アブラハム（彼は一七五歳で亡くなった）や他の族長たちの長寿から、アブラハムが実在の人物でないことは明らかである。アブラハムは「超教派的《エキュメニカル》」な父祖として創作された人物なのであり、旧約聖書の編纂者たちはこの人物を通して、カナンの地に住むすべての人たちの結びつきをはっきり示しているのだ。

いけにえ（Sacrifice）

いけにえの果たす役割については、さまざまな理論が存在する。いけにえは、ほぼすべての宗教の構成要素であり、旧約聖書においても頻繁に見られる。旧約聖書では、種々のいけにえがさまざまな役割を担っているようである。洪水物語*においてノアが捧げたいけにえは、神の怒りを鎮めることを目的としている。また、このいけにえは、神*が人間に対して、今後は肉食、すなわち動物*の殺害を許すということにも関係している（創八・二〇～九・七）。いけにえは、そうした暴力*を儀礼化するのに用いられる。というのも、いけにえには神的なものが介入されるからである。

祭司*集団はレビ記*の最初の全七章において、いけにえの複雑な規定を作りあげた。ヤハウェとイスラエル*との交わりを確立するための典型的ないけにえは、燔祭〔焼き尽くすいけにえ〕である。捧げ物は、煙とともに神の居場所に上るように（ヘブライ語の〈オーラー〉は「上る」の意味）、完全に焼き尽くされる。別のいけにえでは、肉は祭司と奉献者に配分され、骨と皮と脂肪が焼き尽くされる。過失をつぐなうためのいけにえだけでなく、意図的であれ無意識的であれ、犯したあやまちを正すためのいけにえも存在する。さらには、植物もいけにえに捧げられていた。古代のイスラエル王国やユダ王国をはじめとするレバント地方では、どうやら危機的状況において人身御供がおこなわれていたようである。王下三章では、モアブ（現代のヨルダン）の王が、戦争に敗れそうになり、自分の長男をいけにえに捧げたという逸話が語られている。このいけにえによって、敵側の同盟は引き返したそうだ。列王記（↓王）において、イスラエル王国とユダ王国のいく人かの王は、自分の子供たちに「火の中を」通らせたとして非難されている。さらにまた、神が最後にイサクにいけにえを中断させるという有名な逸話（創二二章）は、人身御供の終わりを象徴する物語として理解することもできる。

異国人（Étranger）

他者との出会いは聖書における主要なテーマである。旧約聖書には、さまざまな種類の異国人が登場する。ヘブライ語の〈ゲール〉は、しばしば「寄留者」と訳されるが、異国人という意味をもつ。この語は、経済的あるいは政治的理由により異国での長期滞在を余儀なくされた人を指す。多くの箇所が、寄留者には庇護や経済的援助を与えなければならないことを説いている（申二四・一七〜二一）。

〈ゲール〉は、所有地を取得することはできないが、財産を蓄えることができる。レビ記*では、寄留者が奴隷を買うことができると指摘されているほか（二五・一七〜五二）、こうした異国人をいけにえ*の儀式やさまざまな祝祭に参加させることで（一七・八、一九・三四）、なるべくユダヤ人共同体に組み入れようとする試みも見られる。出一二章によると、〈ゲール〉は割礼を受けていれば、過越祭を祝うこともできる。レビ記の読者たちは、こうした異国人を共同体の一部と見なすように命じられている（一九・三四）。

それに対して〈ノクリー〉は、通りすがりの外国人や、異国で遭遇する外国人を意味する。この語のセム語の語根は、敵対的な考えをも喚起させる。したがって、異国人は潜在的な敵なのである。こうした異国人たちと取引することは可能であるが（申一五・三）、彼らは「汚れた者」と見なされている（エゼ四四・七〜九、→清さと汚れ）。申命記*にも、申命記の神学思想に影響を受けた他の書にも、異国人の神々や宗教的慣習を受け入れてはならないと警告した箇所がある（申七・二〜七）。さらにペルシア時代には、エズラ*が異国人女性との結婚に激しく反対している（エズ一〇章）。これとは逆に、異国人もイスラエル*の神を崇拝できることを示した物語もある。たとえば、アラム王の将軍ナアマン（王下五章）や、ダビデ*王の祖先となったモアブの女性ルツ*の物語などである。イスラエルもまた、エジプト*での滞在や、前五八七年のエルサレム*陥落後の捕囚*を通して、たえず異国人となった経験がある。そのため、読者たちも異国人としての境遇を体験したにちがいないという理由から、しばしば異国人（ゲール）に対する庇護が正当化されている（申一〇・一七〜一八）。

イザヤ（Isaïe）

旧約聖書の大部分の写本において、いわゆる預言書とよばれる文書群の冒頭を占めるのは、イザヤ書である〔プロテスタント聖書およびエキュメニカル訳聖書では Ésaïe と表記〕。イザヤ（「ヤハウェは救い」の意味）の名を冠した書が冒頭に置かれたのも、全六六章の内容が五世紀以上に及んでいるからである。イザヤ書では、最初に南北王国の時代とアッシリアによる危機の時代（一～三九章）、次にバビロン捕囚*とペルシア人*到来の時代（四〇～五五章）、最後にペルシア時代とヘレニズム初期（五六～六六章）が語られている。これにしたがって、第一イザヤ、第二イザヤ、第三イザヤと区分される。

第一イザヤの中核は、前八世紀のエルサレム*の預言者、イザヤによる託宣を含んでいる。イスラエル*〔エフライム〕王とその同盟国アラム〔シリア〕の人たちが、反アッシリア同盟への参加をアハズ王〔ユダ王国の王〕に強制しようとした戦争*のあいだ（前七三五～前七三四頃）、イザヤは王宮に仕えていた。イザヤは、アハズ王がアッシリア*に助けを求めることに反対するが、のちにイザヤは〔アッシリアの敵国であった〕エジプト*との同盟にも警告をうながす。イザヤの召命を語った逸話（イザ六章）において、彼は幻という手段によって天の宮殿にたどり着く。するとヤハウェは、イザヤが民の心をかたくなにし、預言の言葉を民に聞かせることはできないだろうと告げる。このようにして預言者イザヤの挫折が表現されている。

第二イザヤは、ペルシア時代初期にイザヤ書に加えられた。これは匿名の預言者による託宣集であり、ペルシア王キュロスを、バビロン捕囚を終わらせるべくヤハウェから遣わされた僕《しもべ》としている

（イザ四四・二四〜四五・八）。この託宣集は、おそらく旧約聖書のうちで、もっとも明らかに「一神教的」な文書でもある。というのも、この文書には、異民族の偶像に対する辛辣で皮肉めいた批判が見られ、異民族の神々は加護を求める人たちに救いをもたらすことができない、としているからだ（イザ四四章）。さらにまた、同胞から見捨てられて死んだのちに、最後には神の赦*しを受ける「苦難の僕《しもべ》」に関する記述もある（イザ五二・一三〜五三・一二）。おそらくこの記述の背景には、第二イザヤが作られた状況がひそんでいるのかもしれない。

第三イザヤは、エルサレム神殿の再建を中核としており、神殿が全民族にとっての祈りの家となることを求めている（イザ五六・一〜八）。イザヤ書の結末では、新しい創造*が告げられるとともに、ヤハウェの敵たちが永遠の火で罰せられるという裁き*（イザ六六章）が下される。

イシュマエル（Ismaël）

ラビたちによるいくつかの注解とは異なり、旧約聖書はイシュマエルに対して肯定的なイメージを表している。イシュマエルは、アブラハム*の長子であり、アラビアの多くの部族の祖先にあたる。イシュマエルに対する高い評価は、彼の誕生と運命を語った創一六章の物語によって明らかである。彼の母ハガルは荒野に逃れると、そこで神の使者（→天使）に出会う。神の使者は、彼女が身ごもっている子供につけるべき名前を告げる。「その子をイシュマエル［イシュマ・エル］と名づけなさい。

というのも、あなたの苦しみ［の叫び声］をヤハウェが聞かれた［シャマ］からである」。この〈イシュマ・エル〉＝〈シャマ・ヤハウェ〉という等式は、物語の作者がエルとヤハウェとの同一視を望んでいることを意味する。エルはカナンでよく知られた神であり、アラビアの部族からも崇拝されていた。エルという神名は、のちに「神*」に対する総称となり、アラビア語ではアッラーとなった。創一六章の作者は、ヤハウェとエルとの類比的関係によって、ヤハウェがアブラハムとイサクの神であるだけでなく、ハガルとイシュマエルの神でもあることを示している。

イシュマエルを「野生のろば」にたとえた叙述〔創一六・一二〕は、一般的に流布している考えとは異なり、軽蔑的なものではない。ろばとの比較は、古代中近東では多くの文献に認められるものであり、この動物は自由や勇敢さを表している。つまり、ろばにたとえられる人物とは、けっして支配されることのない、自分の自由を守ることができる人物なのである。つまりイシュマエルに関する宣託は、この「部族」の自主性と、おそらくは好戦的な性格をも示すのに役立つのである。とはいえ、この好戦的な性格は、否定的なものと見なされてはいない。ヤコブ*がイスラエル*の十二部族の父祖となるように、イシュマエルもまた、アラビアの十二部族から構成される大民族の父祖となる〔創二五・一二～一八〕。歴史的な観点から見れば、イシュマエルという人物像の背後には、〈シュム・イール〉と称されるアラビアの部族集団が隠れている。この部族集団については、前八世紀のアッシリア文書で言及されている。アブラハム物語の作者たちは、この部族集団に対して大いに親近感を抱いていたのであり、イサクとイシュマエルが兄弟関係にあると考えることで、こうした身近さを表現したのである。

イスラエル（Israël）

イスラエルという語は、さまざまな意味をもつ。この名称がはじめて用いられたのは聖書以外の文献であり、前一二一〇年頃、メルエンプタハ王〔エジプト第十九王朝四代目のファラオ〕の勝利を記念した石碑において言及されている。レバント地方に遠征したこのファラオは、「イスラエルは滅ぼされ、もはやその種さえも存在しない」と自負している。ここでのイスラエルは、エフライムの山に住んでいた比較的多数の集団（部族か?）を指している。イスラエルという名は、神名を含んだ名称であり、「エルは君臨したもう」を意味する。すなわち、この名称を冠した集団によってエル神が崇拝されていたことを示している。したがってイスラエルという名は、この集団がヤハウェ神を崇拝した時代よりも、古くから存在するのである。

前十世紀から前七二二年のあいだ、「イスラエル」は、サマリア*を首都とし、エルサレム*も他のパレスチナ南部の地域も含まない王国を指していた。このイスラエルは、アッシリア文書やその他の文献においても言及され、ときに（サマリアをイスラエルの首都とした王にちなんで）「オムリの家」とも称された。しばしば「北王国」ともよばれる。アッシリア人がこの王国を滅ぼしたのち、「イスラエル」はいわばユダ王国によって回復され、ユダ王国が「真のイスラエル」を自認することになる。ペルシア時代からは、イスラエルは「神学的な」名称となり、イスラエルの神を崇拝する人たちの集団を指す。旧約聖書のいくつかの記述では、「イスラエル」という語が北王国を指すのか、それとも「ヤハウェの民」の集団を指すのか、なかなか判断しにくい。

一神教（Monothéisme）

「一神教」という語は、もともと聖書のなかには存在せず、のちにわれわれの言語に入ってきたものにすぎない。この語は十七世紀に作られた新語であり、理神論的思想からキリスト教を守るために、さらには、三位一体説*を神の単一性に対する脅威とみなすユダヤ教の批判からキリスト教を守るために、あるいはまた、いっさいの宗教・哲学上の理論が唯一なる超越的存在の崇拝から生じたことを主張するために作られた。

古代中近東では、唯一神の崇拝を強制しようとする試みが定期的になされた。その顕著な例がアメンホテプ四世（在位前一三五三〜前一三三七年）である。このファラオはしばしば人類最初の一神教徒とされている。アメンホテプ四世は、太陽円盤の象徴であるアトン神の崇拝を強要するために、大規模な偶像破壊運動を企てた。しかしながら、この企ては彼の治世よりも長くは続かなかった。

旧約聖書では、神が唯一無二の存在として認められているものの、ヤハウェ神の崇拝が何世紀*にもわたって独占的でなかったことを示す痕跡がいくつか残っている。ヤハウェは最初、イスラエル東部および北部に隣接する国の神々と同じように、国家神のひとつにすぎなかった（士一一・二四）。われわれが目にしているような聖書的一神教は、前五八七年にバビロニア人によってエルサレム*が滅ぼされ、ユダ王国の国家組織が壊滅したのちに生じたものである。この出来事は、ユダ王国の書記たちにより、ヤハウェがバビロニア人を用いて与えた罰として解釈された（王下二四〜二五章）。ヤハウェがバビロニア人を操ることができるのは、ヤハウェがバビロニアの神々よりも強いことの証拠なのだ。そのため、ペルシア時代初期（前五二〇年頃）に書かれた第二イザヤ書には、一神教の「理論的証明」に努めている箇所がある。作者はここで偶像の売買をあざけり、偶像の唯一の効用とは細工職人たちを裕福にすることだ、としている（イザ四四・九〜一〇）。

ようするにユダヤ教*の成立は、一神教とともに生じたのである。とはいえ、旧約聖書の編纂者*たちは多神教の痕跡も残している。たとえば、ヨブ記*や数々の詩編*では、ヤハウェが天の廷臣たちに囲まれて登場する。したがって、旧約聖書の一神教的言説においては、少なくとも部分的にではあるが、多神教的伝承が組み込まれているのである。

エジプト（Égypte）

旧約聖書の主な物語は、ヘブライ民族の礎《いしずえ》をなすエジプト脱出という事件を中心に作られている。ヤハウェは、十戒*やその他の箇所で、エジプトでの苦難から民を救い出した神とされている。しかしエジプトは、ヘブライ民族史における神学体系の出発点となっているだけではない。エジプト、さらにその代表者ファラオまでもが、ヘブライ民族史における典型的な敵として出現するだけでなく、その他の多くの記述にも登場している。そのため、エジプトについて描かれるイメージは、両義性を帯びており、憎悪と賛美とのあいだで揺れている。エジプトは、たんなる抑圧の地であるばかりか、安住の地や受け入れ地としても描かれている。その例がヨセフ物語（創三七〜五〇章）であり、ファラオがきわめて寛大な人物として描かれている。ファラオは、ヨセフに異例の待遇を施し、彼の家族を苦しい飢餓から救うことを約束する。さらに、レバント地方の住民にとっての亡命地エジプトというテーマは、歴史的事実を反映したものである。この国は「政治的亡命者」も迎え入れていた。たとえば、ソロモン王*の敵であった、エドムの王子ハダド（王上一一・一七）や後のイスラエル王ヤロブアム*（王上一一・四〇）は、死の危険から逃れようとしてエジプトに逃亡する。前七二二年のサマリア陥落*や前五八七年のエルサレム陥落*のあとも、エジプトは一部の住民の逃亡先となっていた（ホセ九・三、王下二五・二六）。

箴言で語られるような聖書の知恵*は、エジプトの知恵と多くの類似点をもっている。エジプトの知恵の影響がとりわけ顕著なのは、箴二二・一七〜二三・一一の記述であり、前千年紀初頭に作成された「アメンエムオペトの教訓」とよばれる文書の要約が含まれている。預言書のうちには、ファラオとその化身である神々に比べてイスラエルの神のほうが優れていることを説き、エジプトを批判した託宣が多く見られる。とはいえ、こうした批判がすべてではない。ヘレニズム時代のある託宣によれば、イスラエルの敵であるアッシリア*とエジプトの二国が、神の救済計画のもとに統合されることが告げられている。「その日には、エジプトの地の中心に、ヤハウェのために祭壇が建てられる［…］。ヤハウェはエジプト人にご自分を知らしめ、その日、エジプト人はヤハウェを知るようになる［…］。そして万軍の主なるヤハウェは祝福して言われる、『祝福あれ、私の民エジプト、私の手の業アッシリア、私のものである民イスラエルに』と」（イザ一九・一九～二五）。したがって、エジプトは（出エジプト記*に見られるような）「出発」の地点であるだけでなく、回帰の地点でもあり、あらゆる民の和解の象徴でもあるのだ。

エステル（Esther）

エステルはその名を冠した書（エステル記）の中心人物である。この書は、ペルシア帝国で暮らす全ユダヤ人にとっての危機的状況を語ったものである。ペルシア王アハシュエロス（ギリシア語での王名クセルクセスのペルシア語表記）の側近であるハマンは、全ユダヤ人の殺害を命じる王令の発布を許可してもらう。王妃の一人エステルは、若きユダヤの美女でモルデカイの養女であった。エステルはモルデカイの忠告により、ユダヤ人を救うために酒宴を催し、ハマンの邪悪な計画を王に打ち明ける。そしてハマンは死刑に処される。ハマンのあとを継いでモルデカイが宰相となり、ユダヤ人に対しては、敵の殺害を許可する法令が与えられる。エステル記の最後には、プリム祭（三・七で記された、ユダヤ人殺害の日を決める「くじ」を意味するヘブライ語に由来）が制定される。

エステル記は、ペルシア人*の支配下を時代背景としているが、おそらくヘレニズム時代に書かれたものである。というのも、この書はアケメネス朝〔ペルシア〕王宮の状況を歴史的に描写しているというよりも、むしろペルシアに対するギリシア的な考えを表しているからだ。エステル物語は、ディアスポラ*のユダヤ人共同体が反ユダヤ的発言や行動を恐れていたという状況を語っている。

この物語とは大きく異なる二つの異本が存在する。旧約聖書の正典*に収められたヘブライ語テクストは、全体にわたって宗教色のない物語を語っている。ユダヤ人への救済が他の場所から起こるというモルデカイの主張（四・一四）だけは、神の介入を暗にほのめかしているのかもしれない。七十人訳聖書（→聖書の翻訳）のギリシア語テクスト〔エステル記（ギリシア語）〕には、さまざまな起源をもつ六つの長い加筆部分が含まれており、祈りの重要性や神の介入が強調されている。さらには別のギリシア語テクストが存在する。このテクストは、七十人訳聖書やマソラ（→マソラ学者）よりも短く、敵によるユダヤ人殺害の動機を含んでいないことから、おそらくエステル物語の成立（→聖書の成立）における比較的古い段階を表したものである。プリム祭はのちに物語に加えられたが、この祭は世紀が進むにつれて、酩酊状態になるまで酒を飲むという陽気なカーニバルに変わっていった。

エステル物語はユダヤ人共同体にのしかかる脅威を題材としながらも、アイロニーを含んだ要素が多く見られる。その例がエステルとモルデカイという中心人物の名前である。この二人の名前は、バビロニアの主要な神であるイシュタルとマルドゥクから作られている。

エズラ（Esdras）

エズラ記とネヘミヤ記は、ペルシア時代におけるユダヤ属州の政治的・宗教的再建を語った書であり、エズラとネヘミヤという二人組の人物を登場させている。ネヘミヤは、アケメネス〔ペルシア〕帝国の首都スサの役人として（ネヘ一・一）、エルサレムの城壁の再建にあたる。エズラは、バビロン*の書記であり祭司である。エズラ記の七章によると、エズラはエルサレム*に到着し、「天の神」（一二節）の律法であると同時に「王の法律」（二六節）である律法を発布する。ここでは、この律法にペルシア王の承認を与えようとする意図も示されている。

ネヘ八章の物語では、エズラがエルサレムの広場で律法を朗読し、民が律法に即した生活を厳かに誓う場面が描かれている。これはおそらくトーラー（五書）の授与をもじったものである。このことから、エズ七・一〜五によると大祭司アロンの子孫にあたるエズラは、ユダヤ教において第二のモーセとも言うべき、きわめて重要な人物となった。実際に、エズラはモーセと同じように、捕囚民をイスラエル*の地に帰還させ、彼らにトーラーを授けた。ユダヤ教におけるエズラの高い評価は、他のさまざまな書、とりわけ黙示文学的な色調を帯びた書（第三エズラ記、第四エズラ記）が、エズラによる著作とされたことからも明白である。ただし、これらの書はヘブライ語聖書の正典*には含まれなかった。

エズラの史実性については把握しがたい。聖書の説明によれば、彼はネヘミヤと同時代の人物とされていることから、エズラの活動は、ペルシア王アルタクセルクセス一世の治世下（エズ七・八）にあった前四五八年ごろと推定されうる。しかし、エルサレムの再建は律法*の導入に先立つのが妥当だと思われる。したがって、ここでのペルシア王とはアルタクセルクセス二世であると考えるべきであり、エズラの活動は前三九八年ごろと推定すべきであろう。しかし、彼は本当に実在した人物なのだろうか。エズラ記とネヘミヤ記を除けば、エズラは聖書のなかで言及されておらず、前二世紀に書かれたシラ書にいたっては、彼の存在を知らないようである。したがって、エズラとはおそらく、五書の授与という長く複雑なプロセスを擬人化したものであろう。

エゼキエル（Ézéchiel）

エゼキエルは三人の「偉大なる預言者*」のうちの一人である。彼の名を冠した書〔エゼキエル書〕によれば、エゼキエルは前五九七年にバビロニアに連行された捕囚たちの一人であった。エゼキエル書は四つの大部から成り立っている。すなわち、エルサレム*の滅亡が近いことを告げる託宣に始まり〔四〜二四章〕、それから諸外国に対する託宣が続いて〔二五〜三二章〕、いわば第三部への導入部をなす。第三部では、民の復興と土地*の回復が告げられる〔三三〜三九章〕。この〔第三部の〕託宣は、一人の生存者がエルサレム陥落を預言者に知らせる場面から始まる。書の結末では、新しい神殿と国の回復、そして新たな境界に関する幻が語られる〔四〇〜四八章〕。

エゼキエル書の作者および編纂者*は、前五九七年の〈ゴラー〉〈「捕囚民」〉こそが唯一の正統なイスラエル*であるという思想を主張する。そのため彼らは、ヤハウェの栄光（神性を宿した雲のようなもの）がエルサレム神殿からバビロン*へと移動する状態を記している（エゼ八〜一一章）。この書でもっとも有名な記述のひとつに、枯れた骨が生き返るという幻がある（エゼ三七章）。これはイスラエルが新たなダビデ*によって再結集し、統治されるという回復を告げたものである。エゼキエル書で最終的に加筆された部分のひとつに、黙示文学*の伝統を先取りした記述があり、ヤハウェが「マゴグの地のゴグ」なる謎めいた人物と対決するという、宇宙規模の戦争が描かれている（エゼ三八〜三九章）。この人物は、おそらくアレクサンドロス大王の象徴であり、さらに広く言えば、イスラエルのあらゆる敵を表したものであろう。

選び（Election）

イスラエル*を「選ばれた民」とする思想は、しばしば誤解され、今日にいたるまで数々の反ユダヤ主義的発言に利用されてきた。この思想は、神学上の矛盾に対処しようとする試みに由来している。多神教に影響を受けた宗教、および、それぞれの民族は守護神を有するという考えに感化された宗教において、ある民族を特定の神に結びつける特別な関係は、少しも問題視されることがない。しかも、そのような考えは聖書にも見られる。士師記*において、イスラエル人エフタは、アンモン人たちと交渉したとき、国土の分割を守るように彼らに呼びかける。「あなたは、あなたの神ケモシュがあなたに与えてくれたものを得ないのか。私たちは、私たちの神ヤハウェが与えてくれたものをすべて得ているではないか」（士一一・二四）。

南北王国の時代を通して、イスラエルおよびユダの国家神であるヤハウェが、神の代表者となる王を決定ないしは選出し、王はこうした神の選びのうちに、みずからの正当性を見いだしていた。前七二二年（アッシリア人によるサマリア陥落*）および前五八七年（バビロニア人によるエルサレム陥落*）の大惨事のあと、国家神に対する伝統的な考えは揺らぐことになる。伝統的な神学体系に対抗するものとして、一神教による変革が生じる。旧約聖書において多くの箇所が、〔それとは反対の〕明らかな証拠があるというのに、逆説的なかたちで、ヤハウェこそが真なる唯一の神であると主張する。そのことから神学上の問題が生じる。すなわち、ヤハウェが唯一の神であり、宇宙の支配者であり、全人類の運命の支配者であるならば、いかにしてヤハウェはイスラエルと特別な関係を有するのだろうか、という問題である。そこで、このジレンマを解くために、選びの思想を王から民へと移した。ヤハウェ自身が「自分の宝」〔申七・六、一四・二〕としてイスラエルを選んだのである。

選びの思想はとりわけ申命記*において展開される。この書には、差別や排他主義といった危険を防ぐために、神の選びがイスラエルの利点に少しも結びついていないことを説いた箇所がある（申七・六）。したがって、選びに関する発言においては、〔神の選びという〕普遍的なものと〔選ばれた民という〕特別なものを同時に考察することができる。この思想は、方法こそ違うにせよ、キリスト教とイスラム教にも見いだされる。キリスト教もイスラム教も、選びの思想に普遍性を与えつつも、「選ばれた者」とそれ以外の者とのあいだに差異をもうけている。

エルサレム（Jérusalem）

イスラエル・パレスチナをはじめて旅行し、エルサレムに近づいた者は、だれしも町の全景を見渡して感慨を催さずにはいられない。エルサレムは、ユダヤ人によって約束の地の中心とされ、イスラム教によって聖都（アル・クドゥス）とされている。

この町は前二千年紀初頭から存在していた。エルサレムの名は、当時の文献において〈ウルシャリム〉と記されており、「シャレム（黄昏の神）の礎」を意味していた。旧約聖書において、エルサレムはダビデ*が台頭する時代に色濃く現れる。ダビデがエルサレムを首都として選んだのは、この町がいかなる部族*の領土でもなく、カナンの先住民であるエブス人だけが住む「中立的な」場所であったからだ。こうしてエルサレムは「ダビデの町」となったのである。

ダビデとソロモン*の時代において、町はオリーブ山に面し、東部の丘を取り囲むかたちで集落が並んでいるだけであった。聖書の物語によれば、神殿（おそらくは既存の聖所*を修復したもの）を建てたのはソロモンである〔王上六章〕。このヤハウェの神殿は「シオンの山」の上にある。旧約聖書において、シオンは町の北東部にある丘（オフェル）の名称であり、現在の「シオンの山」である南西部の丘へと移動したのは、紀元後のことである。前七〇一年、アッシリア人はユダ王国を手厳しく打ち負かすが、エルサレムの陥落については断念する（王下一八〜二〇章）。このことをきっかけに、ヤハウェは永遠にみずからの町と聖なる山を守るであろう、という「シオン主義的な」神学思想が生まれた。

前七世紀に入ると、エルサレムは目覚ましく拡大し、ヨシヤ王*の治世下には、エルサレム神殿がヤハウェ崇拝の唯一の聖所となったことで、エルサレムの重要性がさらに高められた。前五八七年、バビロニア人によって神殿と町が破壊されると、経済および宗教に重大な危機が生じた。ペルシア人*のもとで、町（ネヘ二〜六章）と神殿（ハガ一〜二章、ゼカ四章）が再建された。しかしながら、ペルシア時代のエルサレムは、きわめて人口の少ない町であった。大多数のディアスポラ*により、エルサレムは巡礼地となり、ユダヤ教*における信仰上の中心地となった。こうして、シオンに関する神学思想は終末論的な特色を帯び、終末時にはすべての民がエルサレムへと出発し（ゼカ八・二〇〜二三）、神殿はすべての民の祈りの家となるだろう（イザ六〇章）という希望を表すようになった。

エレミヤ（Jérémie）

フランス語には、預言者エレミヤから生じた«jérémiades»（泣き言）という語がある。エレミヤの名を冠した書には、預言者としての立場を嘆いた数々の哀歌が収められている。これらの哀歌は預言書のなかでも特殊性を示している。この書のもうひとつの特徴は、多くの「伝記的な」記述であり、エレミヤの生涯とともに、エルサレム*の破壊とバビロニアによるユダ侵攻をめぐる出来事が詳細に語られている。同じ預言者でバビロン*に連行されたエゼキエル*とは異なり、エレミヤは人民に囲まれて土地*に残ることを決心する。それからエレミヤは、バビロニアによる報復を恐れてエジプトに逃げる人たちによって、強制的にエジプト*に連行されたのち、晩年の託宣において、エジプトに寄留しようとしたユダヤ人を厳しく非難している（エレ四三～四四章）。

実のところ、エレミヤ書には二種類の異本が存在する。ギリシア語〔七十人訳聖書〕テクストは、正典であるヘブライ語テクストと大いに異なっている。ギリシア語テクストは、ヘブライ語テクストよりも一五パーセントほど短く、章の構成も異なっており、これは聖書全体においても特殊なケースである。このことから、エレミヤ書のギリシア語テクストは、今日のヘブライ語テクストを訳したものではなく、おそらくクムラン*で発見された写本断片に記されていたような、さらに古い別のヘブライ語テクストに依拠したものである、と結論づけられる。

エレミヤ書の中心をなすのは、ヤハウェ自身によるエルサレム神殿破壊の予告であるが、この予告は二度にわたってくり返されるほど衝撃的なものである（エレ七・一～一五、エレ二六章）。この託宣は、エルサレムの聖所*に対する盲信を警戒したものであり、おそらくは「史的エレミヤ」に起源をもつ。エレミヤ書はバビロニア人による神殿破壊のあとで、修正および加筆を施された。この大惨事のあと、エルサレム復興の問題はエレミヤ書において、さまざまな答えを認めている。ある箇所（エレ二四章）は、バビロニアのディアスポラ*のみに対する救済を告げている（→裁きと救い）。それに対して別の箇所は、バビロニアによる支配のあいだ、ユダの土地に祝福*がもたらされると説いており（エレ四〇章）、「真のイスラエル*」はバビロンに連行されたとするエゼキエル書の思想と対立している。これらの相反する見解が、編纂者*たちの作業により同じ文書中に共存しあうことで、「真のイスラエル」の定義をめぐる緊迫した状態を表現している。

王（Rois）

イスラエル*王とユダ王の歴史は、二つのサムエル記*〔上・下〕と二つの列王記〔上・下〕で語られている。ギリシア語聖書では、これら四巻の書は「王国の書」という書名でまとめられている。歴代誌にも、王国の歴史に関する別の説明が存在するが、そこではもっぱらユダ王に焦点が当てられている。

列王記についても、同じようにユダ王国の視点から書かれている。というのも、この書は、最初に前七世紀にエルサレム*の宮廷で編纂されたのち、ユダ王国の滅亡後、バビロン*に連行された書記たちによって再編纂されたからである。この書記たちはしばしば「申命記史家」とよばれるが、その理由は、彼らが申命記*も書き記し、申命記の神学思想にもとづいて王国の歴史を解釈したからである。北王国（イスラエル）と南王国（ユダ）の王たちの治世は、対比的に述べられており、申命記史家たちは、それぞれの王の治世の終わりに、王に対する評価を下している。北王国の王たちは、だれしも良い評価を得ていない。その理由はたんに、列王記の作者によれば、エルサレム神殿こそが、ヤハウェにいけにえを捧げることのできる唯一正式な聖所*だからである。すなわちベテルであれ、ダンであれ

（王上一二章）、首都サマリア*であれ、北王国にある代表的な聖所は、いずれも非公式の聖所と見なされている。

ユダ王国の王に対する評価方法は、さらに異なっている。ダビデ*に次いで全面的に高い評価を与えられている王は、ヒゼキヤ（王下一八～二〇章）と、とりわけヨシヤ*（王下二二～二三章）であるが、その理由は主として、作者たちが二人の功績としている祭儀改革にある。列王記の作者たちはヨシヤ王について、彼ほどの王はこれまで存在しなかった、と述べている（王下二三・二五）。サマリア陥落については、イスラエルの民と王たちの不服従によって詳しく説明されているのに対し（王下一七章）、列王記の結末については、ごく手短に語られているにすぎない。これはおそらく作者たちの混乱を反映している。

列王記における最後の逸話は、ユダ王ヨヤキン〔在位前五九七頃〕の王位回復に関するものである。ヨヤキンはバビロンの牢獄から解放されたのち、生涯を通してずっと、バビロニア王の食卓で賓客としてもてなされる（王下二五・二七～三〇）。したがって最後のユダ王の運命は、長きにわたって捕囚*の身にあったユダヤ人の状況を象徴している。

外典（Apocryphes）

「旧約聖書」という語は、聖書の前半部分を指すものとしてはあいまいである。なぜならばキリスト教には少なくとも、カトリック教会、プロテスタント教会、東方諸教会と称される三大教派に対応した、三つの異なる旧約聖書が存在するからだ。

歴史的見地から言うと、キリスト教の旧約聖書は、ヘブライ語聖書のギリシア語訳〔七十人訳聖書〕に依拠している（↓翻訳）。このギリシア語訳は、律法*、歴史書、詩歌書〔文学書〕、預言書の四部に区分され、編者たちによっていくつかの書が加えられた。歴史書のうちには、さらにトビト記とユディト記、そして二巻のマカバイ記が見られるが、これらはヘブライ語の正典*には存在しない。ギリシア語訳の正典の第三部には、ソロモンの知恵*〔知恵の書〕とシラ書〔集会の書〕が加えられている。第四部には、複数の逸話（たとえばスザンナと長老たちの物語）を増補したギリシア語のダニエル書のほかに、エレミヤの手紙*とバルク書が加えられている。

東方諸教会はこれまで、正典とすべき書について明白な決定を下していない。東方諸教会における旧約聖書の大部分には、ギリシア語訳聖書の正典に加えて、マカバイ記の第三巻と第四巻、エズラ記*の第二書と第三書、とりわけマナセの祈りを含んだ頌歌、ヨベル書とエノク書のほかに、十二族長の遺訓が含まれている。十六世紀の宗教改革の時代には、「ヘブライ的真理」（veritas hebraica）に立ち返ろうとした改革派たちが、旧約聖書についてはユダヤ教の聖書に見られる書だけを受け入れた。そのため、ギリシア語訳聖書の正典にしかない書は、「第二正典」または「外典〔アポクリファ〕」と称され、プロテスタント教会の正典に属さない「隠された」（〈アポクリファ〉というギリシア語の意味にあたる）書とされた。プロテスタントの一部の聖書には、これらの書を含めないものや、補遺のような部分に収めたものもある。フランス語のエキュメニカル訳聖書（TOB）は、これらの外典を旧約聖書と新約聖書の中間にまとめているが、最新版〔二〇一〇年刊行〕からは、東方諸教会の伝統において重要ないくつかの書も含んでいる。

割礼（Circoncision）

旧約聖書によると、生後八日目の男児に対する割礼は、神*が族長*およびその子孫と結んだ契約*のしるしとして、アブラハム*に与えられた命令とされている（創一七章）。割礼の儀式はユダヤ教*において基本的な慣習であり、その重要性はキリスト教の洗礼に匹敵するものである。

聖書が示すように、割礼の儀式はレバント地方やエジプト*で広くおこなわれていた（エレ九・二四～二五）。そのため「無割礼の者たち」という表現は、とりわけペリシテ人などの異国人*を指している。ダビデ*は、サウルの娘と結婚するための条件として、ペリシテ人の包皮一〇〇枚あるいは二〇〇枚（数字は写本によって異なる）を、サウルに差し出さなければならなかった〔サム上一八・二五〕。

いくつかのエジプトの証言によれば、割礼は成年に達することを示す通過儀礼として、思春期の男子に施されていたようである。これはイスラエル*王国やユダ王国でも、おそらく同じであった。ユダヤ人は、とりわけバビロン捕囚*のさいに、バビロニア文化に直面していたが、割礼はバビロニアでおこなわれていなかった。このことから、以前は特別な儀礼ではなかったこの慣習が、急に彼らのアイデンティティにかかわる意味を帯びた。割礼のもつ意味が変わったのは、おそらくこの時代であり、それ以降は創一七章の記述にもとづいて、新生児に施されるようになった。

割礼の重要性については、出四・二四〜二六にも見られる。この非常に難解な記述において、ヤハウェはモーセ*を殺そうとする。妻ツィポラは息子の包皮を切り取り、その血をモーセの性器につけて夫の命を救う。この箇所は割礼の儀式が（悪しき力を遠ざけるための）厄払いとして機能することを示している。

旧約聖書には、割礼の儀式を比喩的な意味でとらえた箇所もある。たとえば、ヤハウェがモーセに奉仕を求めたとき、モーセはヤハウェに対して、みずからは「唇に割礼のない者」（出六・一二）、すなわち上手に話ができない人物である、と答える。申一〇・一六と三〇・六の文章では、「心の割礼」という表現が出てくる。これはおそらく、精神の割礼によって、肉体の割礼を完全にすることを要求したものである。

神（Dieu）

神は旧約聖書において、もっとも頻繁に言及される人物である。イスラエル*の神はヤハウェという固有名詞で称されることがあるが、ユダヤ教*はこの名称をアドナイ（主）という発音に置きかえている。一方で、この神は総称的に〈エロヒム〉とよばれることもあり、そこから神の訳語として、ギリシア語の〈テオス〉やラテン語の〈デウス〉が生じた。ところで、〈エロヒム〉は複数形でもあるため、「神々」を表す場合もある。したがって、この名はヤハウェだけでなく、他の不特定の神や多くの神々を指し示すこともある。旧約聖書の冒頭の章において、ヤハウェではなくて〈エロヒム〉が言及されているという点は、重要な意味をもっている。創一章における〈エロヒム〉は、唯一神を表しているが、その語形が複数形を連想させることから、多数の神々を包括する存在と解釈されることもある。ここで問題となっているのは包括的一神教*である。ようするに、さまざまな民族が崇拝するすべての神々は、世界を創造したのちにイスラエルに顕現した「真なる神」のあらわれにすぎない、という考えである。

「神」を表す別の語は、エルである。この語は固有名詞として用いられることもある。たとえばウガリットでは、エル（イル）は神々の集会を主宰する神であった。このような神々の主としての役割から、聖書にはエルとヤハウェを同一視した箇所もある。エルはまた、不特定の神を総称的に示した語としても用いられる。この語はしばしば「最高神」という意味を含んでおり、このような用法から、エルはアラビアの部族たちのあいだでアッラーフ〔アッラー〕となった。

奇跡（Miracles）

奇跡はしばしば、合理的・科学的世界観と相容れない超自然的行為として定義される。しかし、古代中近東の思想家たちや旧約聖書の作者たちにとって、このような〔合理的・科学的世界観と超自然的行為との〕区別は妥当なものではなかった。というのも彼らは、神が人間たちの世界に介入することを信じていたからである。

旧約聖書には「奇跡」を表す特別な語はない。たいていは二つの名詞〈オース〉と〈モーフェース〉が用いられる。これらの名詞の第一義は「しるし」であるが、つねに超自然的なしるしを意味するわけではない。たとえば、預言者イザヤがエジプト敗*北のしるしとして、裸で歩くことを命じられたように、エジプト兵たちは勝利者であるアッシリア人によって、裸のまま連行されるだろう、という記述がある（イザ二〇章）。だが多くの場合、しるしは神による奇跡的な介入に用いられる。たとえば、ベテル聖所*の祭壇が裂けるという出来事（王上一三・一〜五）は、ヨシヤ王*による祭壇の破壊を予告するしるしである。奇跡を起こすのは、ヤハウェやその代理人だけに限らない。実際に、「エジプトの災い」に関する逸話は、ファラオの魔術師たちがモーセ*およびアロンとおこなう対決（出七〜九章）から始まるが、双方ともさまざまな奇跡を起こす（杖を蛇に変える、水を血に変える）ことができる。同じように、預言者エリシャもミラクル・メーカーであり、死者を生き返らせたり少量の油を大量の食糧に変えたりすることができる（王下四章）。

奇跡物語の目的は、ヤハウェ自身の力や、ヤハウェの代わりに行動する人びとの力を誇示することにある。いくつかの奇跡物語は、明らかに象徴的な意味をもっている。たとえば葦の海〔紅海〕の奇跡（出一四章）は、創造物語*を思い起こさせる。神*は、天地創造のさいに水を二つに分けて大地を出現させた（創一章）ように、ここでも海を分けて民を横断させる。この横断は西方から東方に〔エジプトからシナイのほうへ〕向けてなされる。中近東において、西方は太陽が冥界へと消える日没の場所であり、東方は日の出および再生を意味する。したがって海の分断の奇跡は、死*から生への移行に関する物語なのである。

清さと汚れ（Pur et impur）

古代中近東では、聖書の作者たちと同じように、世界すなわち社会は、清さと汚れという区別によって成立していた。清さは身体および精神の完全さのしるしであり、それゆえ神の恵みのしるしである。それに対して、汚れは生命の不調のしるし、たとえばヨブ記*に見られるように、不吉な力の襲撃や神の罰のしるしである。ヨブは、あらゆる種類の病気に襲われて汚れた人間となり、社会から孤立する羽目にあう。したがって、社会活動に完全に参加できるようになるには、清い人物となるべきであり、いくつかの状況においては、儀式による清めが必要とされる。

清さと汚れの区分は、祭司*の主たる務めである。レビ記*の一一～一五章は、清さと汚れの問題を扱っている。レビ一一章では、清い動物*と汚れた動物のリストが挙げられている。このリストは、のちにユダヤ教*で大きな重要性をもつ、カシュルートという食物規定の起源にあたるものである。清い動物と汚れた動物の区分を詳しく説明するのは容易ではない。しかしながら、イスラエル*はこの掟により、食べられる動物の数を減らすことで、創造主である神*の意図に近づく。というのも、創一章によると、神は人間を（しかも動物たちと同じように）菜食主義者として創造したからである（創一・二九〜三一）。

これに続く章〔レビ一一〜一六章〕では、軽い汚れと深刻な汚れが区別されている。動物の死体や性器の分泌物に触れるなどの、わずかな汚れは、一日中汚れた状態にする。深刻な汚れは、出産や性病によって起こる出血であり、隔離やいけにえ*が必要となる（レビ一五章）。これらのテクストが書かれたのは、祭司を養成するため、そして混沌状態の出現から社会を守るためであった。

ギリシア（Grèce）

前三三三年、アレクサンドロス大王はペルシア軍を破り、アケメネス朝を滅ぼした。これにより、レバント地方はギリシアの支配下に置かれ、アレクサンドロスの死後にはプトレマイオス朝とセレウコス朝の支配下に置かれた。ギリシア文明との接触は、とりわけユダ王国とサマリア*の上流階級を大いに魅了した。ギリシア語は公用語となり、しだいに用いられるようになった。エジプト*のユダヤ人共同体は、五書*のギリシア語訳（↓翻訳）を作成し、ユダヤ教*の発祥となる文書を当時の世界全体に広めることに貢献した。しかし、ギリシア的な多神教や融合主義、ヤハウェとゼウスとの同一視、エルサレム*の若者たちを裸で鍛えることを目的とした体育施設《ギムナシオン》の設立は、一部のユダヤ人による反発や抵抗も招いた。この抵抗がきっかけとなり、前一六八年にセレウコス王アンティオコス四世〔在位前一七五〜前一六四〕がエルサレム神殿をオリンポスのゼウスに捧げたのちに、マカバイの反乱が起こる。皮肉なことに、マカバイがのちにハスモン朝を築くと、指導者たちはギリシアの専制君主のようにふるまう。

聖書のテクストには、いかなるギリシア王の人名も記されていない。とはいえ、ダニエル書のように、アンティオコス四世についてふれた箇所もあるし、それよりは直接的ではないものの、アレクサンドロス大王の征服についてふれたうえで、ペルシア時代を「歴史の終わり」と見なしているような箇所もある（ゼカ九・一〜八、ダニ八章）。ギリシア文化との出会いは、すでに前六世紀から、ギリシア商人との接触を通して始まっていた。しかも聖書には、明らかにギリシアの伝承から影響を受けている箇所もある。その顕著な例が、アブラハム*に対する三人の男の訪問（創一八・一〜一五）である。これはオウィディウス〔前四三〜後一七頃、ローマの詩人〕が『祭暦』で語った、ギリシアの三大神による訪問の話〔『祭暦』第五巻四九五節〕を再現したものであり、オウィディウス自身もギリシア神話の伝承から着想を得ている。同じように、エフタが自分の娘をいけにえ*に捧げた逸話（士一一章）も、とりわけエウリピデス〔前四八五頃〜前四〇六頃、ギリシアの詩人〕の二つの悲劇作品〔『アウリスのイーピゲネイア』『タウリケーのイーピゲネイア』〕に見られるイーピゲネイアの物語と非常に近い。さらに士九章において、イスラエル*の王国樹立を望む人たちをからかうためにヨタムが語った寓話は、アイソポス〔前六世紀頃、ギリシアの寓話作家〕のある寓話〔「木々とオリーブ」〕と非常によく似ている。したがって、ギリシアは旧約聖書の中にはっきりと痕跡を残しているのである。

偶像 (Images)

ユダヤ教徒をあまり好んでいなかったローマの歴史家タキトゥス〔五五頃〜一一七以降〕は、後一世紀の作品において、ポンペイウス〔前一〇六〜前四八、ローマの将軍〕がエルサレム*の第二神殿に立ち入ったときに、何も見つけられなかったと書いている。「そこで彼らが知ったのは、聖所の内部はがらんとしており、いかなる神の像もないことだった」(『同時代史』第五巻九章)。ユダヤ教徒の反偶像主義は、ローマ人には理解されなかったものの、ユダヤ教*から生じた一神教にさまざまな程度の影響を広く及ぼし、偶像破壊的な思想を知らしめた。

しかしながら、偶像排斥は、古代イスラエル*の宗教における本来的な要素ではない。旧約聖書には、イスラエルの神をかたどる偶像の製作を禁じた文章が多く見られる。禁止はつねに、禁じるべき行為や状態があることを前提としている。このことから、ヤハウェの偶像が存在していたと推測すべきである。金の子牛に関する逸話(出三二章)は、ヤハウェを子牛にかたどることを非難したものであるが、こうした偶像は、預言者ホセアの批判(ホセ八・五〜六)にも示されているように、北王国〔イスラエル〕ではありふれたものだった。エルサレム神殿の内部には、おそらくヤハウェの擬人像があった。預言者イザヤが見たという幻(イザ六章)は、そうした像の存在を前提としたものであろう。

同じように、いくつかの詩編*では、ヤハウェの顔を仰ぎ見ることができれば、という祈禱者の願望が表明されているが（詩一七編）、この願望は、至聖所に隠されたヤハウェの像に近づきたいという意向なのだと解釈することができる。

十戒*における偶像製作の禁止は、そもそもヤハウェの像を対象としていたのではない。最古のテクストは次のように記していた。「あなたは、私の前に他の神々を持ってはならない。それらにひれ伏し、それらに仕えてはならない」（出二〇・三および五）。これはすなわち、ヤハウェの像に対面させるかたちで他の神々の像を置くことを禁じたものである。ペルシア時代に神殿が再建されたときには、ヤハウェをかたどった（新たな）像の製作を禁じるべく、次の一節が挿入された。「あなたは自分のために彫像を造ってはならない」（出二〇・四）。この禁止事項はのちに、「上の天にあるものでも、下の地にあるものでも、地下の水中にあるものでも、いかなる形も造ってはならない」という詳細な規定によって拡大された。

この詳細な規定はもともと、いかなる姿にもヤハウエをかたどってはならないことを強調するものであったが、やがて神像や擬人像を含んだいっさいの偶像を禁じたものと理解されるようになった。ヤハウェは偶像化の禁止により、超越的な唯一神として変貌を遂げていく。この変貌はペルシア時代のあいだに生じ、ユダヤ教を反偶像主義の宗教に変えることになった。

クムラン（Qumran）

一九四七年に始まるクムラン――死海付近の遺跡――での写本の発見は、二十世紀の聖書研究における もっとも重要な出来事であった。こうした最初の写本の発見に加えて、この地では他の文書も見つかった。それまで、中世以前のヘブライ語聖書の写本については、具体的な痕跡がほとんど存在しなかった。しかし今日では、断片的ではあるが、前一世紀ないしは二世紀のものとされるヘブライ語聖書のほぼ全書に関する証拠が揃っている。これらの文書のいくつかは、マソラとよばれる正式な本文（↓マソラ学者）とかなり異なっている。このことは、のちにユダヤ教の正典*の三部分〔トーラー（五書）、ネビイーム（預言者）、ケトゥビーム（諸書）〕をなす巻物の本文が、きわめて多様な伝承を経たことを裏づけている。

他の写本は、エッセネ派〔前二世紀から紀元一世紀にかけて活躍したユダヤ教の一宗派〕と思われる、かつてクムラン近辺に定住していた共同体に由来する。これらの写本は、当時ユダヤ教*のいくつかの集団において、終末論*的風潮が支配していたことを教えてくれる。これらの写本には、新約聖書におけるナザレのイエスの言葉と類似した発言がいくつかある。

啓示（Révélation）

神*は旧約聖書において、さまざまな方法で顕現する。まず伝統的な考えによれば、神は地上で起きていることを知るために（創一一・五）、あるいは人びとの前に現れるために（出一九・一一）、天*から「降りてくる」。神は、アブラハム*を訪れた三人の客人のように（創一八・一～一五）、一人ないしは複数の旅人になりすまし、あとからしか正体を明かさないこともある。さらに神は、天上から直接語りかけることもある（創二二・一五～一八）。

　旧約聖書には「啓示」を表す特定の用語はない。もっとも一般的なものは、ヤハウェが「現れる」、姿を見せる、という表現である。たとえば、祭司資料においてヤハウェがモーセ*に顕現したとき、神は自分の真の名がヤハウェであることを明かすが（出六・二～八）、かつてアブラハムには「エル・シャッダイ」（しばしば「全能の神」と訳される）という名で現れた、と明言している。

　実のところ、このテクストでは、ヤハウェの啓示が三段階から成り立っている。ペルシア時代初期にこのテクストを作成した祭司*たちの考えによると、神の啓示は三つの時代、三つの領域でおこなわれる。神は、天地と人間を創造したとき、〈エロヒム〉として顕現する（創一章）。この語は単数形でも複数形でもあることから（↓神）、神はありとあらゆる宗教体系を包括している。第二の領域はアブラハムとそのすべての子孫にかかわるものであり、彼らはエルという名の神を拝んでいた。そして神はイスラエル*だけに、モーセを介してヤハウェという名を知らせる。したがって、ここに見られるのは包括的な一神教*であり、同一の神が多様な方法によって、さまざまな民族のもとに顕現するという考えが主張されている。

契約（Alliance）

フランス語聖書において「契約」（alliance）と翻訳*されるヘブライ語の〈ベリート〉は、さまざまな概念を含んでいる。それは、対等の立場にある二人のパートナーによる協定を意味することがある。たとえば、族長ヤコブ*がアラム人の伯父ラバンと結んだ契約は、たがいの領地に境界線を設けたうえで、双方とも越境してはならぬとする協定であった〔創三一・三四～三二・一〕。状況はやや異なるが、サウル王の息子ヨナタンは、「ダビデを自分自身のように愛していた」〔サム上一八・三〕ことから、父のライバルであるダビデ*と契約を結んだ。ここでの契約とは、正当な王位後継者にふさわしい愛されるべき人物に対して、王子ヨナタンがみずからの忠誠を約束したものである。同じように、男女のあいだの結婚も契約とされることがある。

しかしながら、旧約聖書において「契約」という語は、ふつうヤハウェと人間との関係を指しており、なかでも王（エゼ一七・一三）や祭司*（民二五・一二～一三）といった特定の人間や、たいていはイスラエル*の民にかかわる。契約というテーマは申命記*のいたるところに見られるが、古代中近東における宗主権条約の表現方法、とりわけアッシリア王エサルハドン〔在位前六八〇～前六六九〕が臣下たちに課した「忠誠の誓約」がモデルとなっている。したがって、この書において、ヤハウェとイスラエルの民との関係は、宗主と臣下との関係に相当するものであり、パートナーのあいだに対等性はない。神*が掟を命じるのであり、民は掟を守らなければならないのである。契約に違反した場合には、さまざまな呪い（→祝福と呪い）によって罰せられるが、そうした呪いの言葉は、アッシリアの条約文書の巻末にも、申命記にも記されている（申二八章）。「契約を結ぶ」（カーラト・ベリート）という表現は、直訳すれば「契約を切る」ことを意味する。この慣用表現は、古代中近東において契約を結ぶときに実際におこなわれた儀式に由来している。すなわち、契約の締結に際しては、動物*が二つに切り裂かれ、臣下ないしは契約当事者たちが、動物の死体のあいだを通り過ぎるのであった。これは、彼らが契約に違反した場合には同じ運命に服する〔つまり二つに切り裂かれて血を流す〕ことを示すためである（エレ三四章を参照）。たとえば、創一五章における神とアブラハム*の契約締結に関する逸話は、非常に強烈な場面を含んでいる。アブラハムが動物を二つに切り裂くと、立ちこめる煙に包まれたヤハウェが、裂かれた動物のあいだを通り過ぎる。これによってヤハウェは、アブラハムとの契約を守り、大いなる子孫と領地を彼に与えることを、みずから約束したのである。

契約の箱（Arche de l'alliance）

フランス語の旧約聖書には、二種類の「箱」（arche）が登場する。ひとつはノアの箱〔箱舟〕とよばれる、彼を洪水*から救った立方体の舟であり、もうひとつは契約の箱である。これらはヘブライ語では、それぞれ異なる語で表現されていた。ラテン語訳〔ウルガータ聖書〕は二つの語を、「箱」を意味する同一の語 **arca** で表した。そのため、ラテン語の **arcus**（「弓」「アーチ」の意）との混同により、フランス語において «**arche**»〔本来は橋・陸橋の「アーチ」を指す語〕となった。契約の箱はときに、その古い名称にならって「ヤハウェの箱」ともよばれる。この箱は、ヘブライ人*とペリシテ人との戦いを語ったサムエル*記上において、ヤハウェの臨在のしるしとして重要な役割を果たした。契約の箱がペリシテ人たちに奪われ、彼らの神ダゴンの聖所*に置かれたとき、ダゴンの像は壊れた〔サム上五章〕。このありさまは、箱に宿っているとされるイスラエル*の神の力を示している。

ヤハウェの箱は、古代エジプトの図像に見られる聖櫃《せいひつ》や、同じように神が描かれたアッシリアの軍旗と関連づけることができる。王上八・九によると、櫃の中には律法*を刻んだ二枚の石板のほかに何も入っていなかった、とある。「箱」（ヘブライ語からの直訳）の中に他のものが何もなかったことを示すこの大げさな言い方は、律法を刻んだ石板が他のものにかわって納められたことを、むしろ表している。契約の箱は元来、ヤハウェの小立像を運ぶために用いられていたのかもしれない。のちにイスラエルの神をかたどることが禁じられたとき（→偶像）、ヤハウェの箱は契約の箱となったのである。

列王記（→王）の物語によると、契約の箱はエルサレム*神殿に安置されていた。バビロニア人によって神殿が破壊されたとき、おそらくこの箱も破壊されたか、あるいは戦利品として持ち出されたのであろう。エレミヤ*書には、この箱は失われてから二度と作られることがない、と語った箇所がある〔エレ三・一六〜一七〕。失われた箱の行方については、あらゆる種類の憶測や主張を呼んだ。エチオピア正教会の言い伝えによると、契約の箱はソロモン*王からシバの女王に贈られ、現在でもアクスム〔エチオピア北部の都市〕のある教会に眠っているとされる。契約の箱は、映画『レイダース／失われたアーク《聖櫃》』〔スティーヴン・スピルバーグ監督による一九八一年公開のアドベンチャー映画〕の大ヒットが示すように、大衆文化に夢やインスピレーションをもたらし続けている。

考古学（Archéologie）

聖書と考古学はつねに両立するとは限らない。十九世紀初頭に誕生したとされる聖書考古学は、さまざまな聖地の場所を突き止め、聖書中の出来事を具体的な考古学的発見に結びつけたうえで、聖書物語の史実性を明らかにすることを目的としている。聖書学者にとって、考古学とは「補助的な学問」であり、考古学者とは片手にシャベルを、もう片手に聖書をもつ人物であった。イスラエル建国〔一九四八年〕の前後にかけて、シオニスト〔ユダヤ復興主義者〕にとって考古学とは、ユダヤ民族が聖書時代からパレスチナに存続してきたことを主張するのに役立つものであった。したがって、ユダヤ教徒にとっても、キリスト教徒にとっても、考古学は長いあいだ、〔みずからの宗教に対する〕正当化の働きをなすものであった。

ところが、すでに一九五〇年代に、イギリス人考古学者のキャスリーン・ケニヨン〔一九〇六～一九七八〕がエリコの遺跡を発掘したとき、前二千年紀末あたりに起こったとされる城壁破壊の形跡がないことが判明した。したがって、エリコの破壊（ヨシュ六章）と征服にまつわる聖書物語は、実際に起こった話ではなく、伝説だったのである。

一九八〇年代から始まった聖地考古学は、こうした〔みずからの宗教に対する〕正当化の働きをしりぞけた。この考古学は、ひとつの独立した学問とみなされており、発掘調査の結果はまず、聖典と直接関係づけることなく解明されなければならない。この新たな指針により、聖書の起源をめぐって、科学的調査との有望な対話が新しくなされることになった。歴史的考証と考古学的発見のいずれも、エルサレム*が大都市となったのは前八世紀または七世紀からであり、したがっていくつかの起源伝承が最初に書かれたのはその時期であろう、という点で一致している。しかしまた、考古学による数々の発見は、聖書の資料にそって再構成されたイスラエル*およびユダ両王国の歴史*について、ふたたび検討することを求めている。エルサレム近郊にあるラマト・ラヘル遺跡の発掘調査は、アッシリア時代からペルシア時代にかけて、重要な行政都市が存在したことを明らかにしたが、この都市は聖書において言及されていない。さらに考古学には、聖書の記述におけるイスラエルおよびユダの歴史が、歴史学的観点ではなく、神学的観点から構築されたものである、ということを伝える役割もある。

口承（Oralité）

旧約聖書には多くの物語がのちに加えられたが、これらの物語が生まれた社会学的状況は、口承を特徴としている。読み書きの技能は、書記、祭司*、高級官吏からなるエリート層に限られていた。族長*たちの物語、出エジプト記*や士師記*の物語、その他の物語は、まず口伝によって継承された。古代イスラエル*には、おそらく職業的な語り部がいたのかもしれないが、そうした人物は聖書において確認されない。とはいえ、物語や詩が流行していたことは知られている。たとえば、ヨタムは士九章において、イスラエルに王制を導入しようとする人たちをからかった寓話を語っている。

長いあいだ、口伝は変化しないものという思い込みがあった。そのため、いくつかの聖書物語の伝承については、前二千年紀までたどることができると考えられてきた。しかしながら、人類学の研究により、口伝は非常に変わりやすいということ、さらに口頭で語り継がれた物語は、意識的にせよ無意識的にせよ、社会や政治やその他の変化にそって頻繁に修正されるということが証明された（↓聖書の成立）。

口頭で語り継がれた物語は、文書に記述されるときに、記述者によって修正されることがある。しかも古代イスラエルの社会は、口頭と筆記との併用を特徴としていた。ある物語が巻物に書き記されたとしても、口から口へと異なった方法で語り継がれることもあった。

洪水（Déluge）

生命は水なくして存在しえなかったであろう。しかし水は、増水や氾濫、暴風雨となって生命を脅かす要素でもある。洪水物語ほど、世界が水によって滅びるという恐怖を巧みに伝えてくれる神話*はない。洪水物語は人類の宗教的遺産において、もっとも広く知られた物語に数えられている。おそらくこの物語に読みとるべきものは、被造物（↓創造）のはかなさに対する意識や、つねに起こりうる被造物の消滅という脅威に対する意識のあらわれである。

たしかにメソポタミアでは、ティグリス川とユーフラテス川の増水によって、しばしば大規模な氾濫や洪水が起こった。メソポタミア神話における数々の洪水物語は、おそらくこれらの体験を基盤にしたのであり、聖書本文にも着想を与えた。現在でも知られているメソポタミア起源の四つの洪水物語のうち、もっとも古いものは前二千年紀に、もっとも新しいものは前三世紀にさかのぼる。

これらの物語において洪水は、思いつきによるものであれ、明らかに些細な理由（増えすぎた人間たちの騒音）であれ、神々の会議によって決められる。人類の絶滅を防ぐために、人間の友である「善良な」神、すなわちエアあるいはエンキが登場し、登場人物に対して洪水を逃れるように警告する。神々と人間との和解は、いけにえ*を通して実現される。創六〜九章における洪水物語は、このシナリオを修正しながら継承したものであり、ノア（休息を表す名前）が人間の英雄となっている。これは実のところ、もともと二つであった資料をひとつに結合したものである。一方の資料〔祭司資料〕では、ノアはあらゆる動物*の中から雄と雌を一匹ずつ連れて行くことを命じられるが、別の資料〔ヤハウィスト資料〕では、ノアは清い動物（→清さと汚れ）の中から雄と雌を七匹ずつ取りだすことになっている。洪水は唯一無二の出来事であるため、旧約聖書の編纂者*はこの二つの資料をひとつにまとめなければならなかった。

メソポタミアの物語とは異なり、旧約聖書の編纂者たちは何よりもまず、洪水をもたらす神の決定に道徳的根拠を与えた。ヤハウェは、人間たちの悪が地上に広まっていること（創六・五）、あるいは別の資料によると、「すべての肉なる者が地上でその道を腐敗させた」（創六・一二）ことに気づく。もうひとつの重要な修正点は、ヤハウェが聖書のテクストにおいて二つの役割を担っていることである。すなわち、ヤハウェは人類滅亡を決定する神であると同時に、このことをノアに警告し、人類を絶滅から救う任務を託する神でもある。メソポタミア神話のテクストと同じように、洪水の終わりには、*神と人間たちとの新たな関係が、いけにえを通して確立される。ただし、この関係は、人間がつねに悪をなしうる存在であり、この性向を新たな洪水によって根絶することができないという点を、神が認めることによって確立される（創八・二〇～九・一六）。

五書（Pentateuque）

聖書の最初の文書群は、五書とよばれる集合体をなす。五書のギリシア語名称〔ペンタテューコス〕は、旧約聖書の最初の五つの巻物を収めた「五つの器」というヘブライ語表現に由来している。五書、もしくはユダヤ教の名称にあたるトーラーでは、さまざまな律法集が、それぞれ特殊な歴史的・社会的背景を起源としながらも、大きな物語群に囲まれている。この物語群が作りあげる筋立てにおいては、世界の*創造から*イスラエルの民による約束の地への到着にいたるまで、*神の行為とヘブライ*人（とその周辺民）の歴史が絡みあっている。ユダヤ人と*サマリア人の知識人層は、さまざまな語りや律法の伝承をただひとつの物語にまとめることで、ペルシア帝国内に離散した数々の集団に対して共同の基盤をもたらそうとした。彼らは、そうしたまとまりによって、詩人ハインリヒ・ハイネの巧みな表現によれば、ひとつの「持ち運びのできる祖国」を作りだしたのである。

　ところで、この「持ち運びのできる祖国」とは、どれくらいの大きさなのか。これに第六の書、すなわちヨシュア記*を加えて、六書〔六巻のまとまり〕とすべきだったのではないか。かりに六書という選択肢をとったとすれば、〔カナンとよばれる〕土地*が筋立ての中心となり、このトーラーを囲む枠組みを作ったはずである。すなわち、創世記*において土地〔の取得〕が約束され、この約束はヨシュア記において成就されたことになろう。これにより、のちに誕生するユダヤ教*はその固有性を、土地取得という考えに見いだしたであろう。しかし、ディアスポラ*という状況にあっては、五書の筋立てのほうがより適切である。モーセ*自身が土地の外で死を迎えるということは、五書の中心が土地ではなくてトーラー、すなわち教えや掟にあるということを示している。これらの教えや掟に対してこそ、しかるべき解釈を見つけなければならないのだ。

祭司（Prêtres）

　古代中近東やエジプト*と同じように、旧約聖書における祭司（ヘブライ語の〈コーヘーン〉）は、祭儀上の問題、とりわけいけにえ*やその他の儀式にかかわる専門家である。祭司は医学上の問題にも携わり、必要であれば隔離を宣告する。祭司は聖所で奉仕をし、とりわけ助言を求めて聖所*を訪れる人びとが納める税金で賄われている。聖書物語において、あらゆる祭司の祖にあたる人物がアロンである。アロンはモーセ*と同じように、レビ人の祭司一族に属する。祭司階級によって作られた文書〔祭司資料〕によれば、アロンはモーセの兄とされている〔出七・一および七〕。

　アロンという人物像の歴史的起源については、なかなか突き止めにくい。もしかしたら、最初にイスラエル*（北王国）に局在していた祭司集団の始祖なのかもしれない。金の子牛の逸話（出三二章）は、そうした祭司集団に対する否定的なイメージを表している。この逸話は、ヤハウェをかたどった金の子牛像に仕える聖職者を批判したものである。そのような子牛像は、ベテル（王上一二章）のみならず、サマリア*にも存在した。エルサレム*神殿の祭司たちは、ツァドクとよばれる祭司（王上一章）を始祖としていた。

　イスラエル王国の滅亡により、アロンの子孫がエルサレムに着くと、〔アロン系とツァドク系の〕二つの祭司集団は対立する。たとえばエゼキエル書*は、けっしてアロンの名にはふれず、ツァドクの子孫を唯一の正統な祭司一族としている（エゼ四四・一五〜三一）。おそらく、ツァドクの子孫が捕囚となった祭司たちであるのに対して、アロンの子孫は国内で礼拝を執り行っていたのであろう。二つの祭司集団の対立は、歴代誌上において終結し、ツァドクがアロンの子孫とされる（歴上五・二七〜三四）。第三の祭司集団はレビ人である。レビ人は、もともと（金の子牛の逸話における介入が示すように）地方聖所にかかわる戦士たちであった。ペルシア時代からは、アロンの子孫とツァドクの子孫が友好関係にあったため、レビ人は聖歌や神殿管理に従事する下級祭司となった。こうした地位の変化は、民一六章におけるレビ人たちの反抗の逸話が示すように、彼らの不満を引き起こした。祭司階級、おそらくはアロンの子孫たちが「祭司資料」とよばれる文書群を作ったのである。この文書群は、世界の創造*（創一章）から犠牲儀礼の制定（レビ一～一六章）にいたるまで、さまざまな起源の物語を語っている。

裁きと救い（Jugement et salut）

旧約聖書ではしばしば神の裁きが語られる。いくつかの書において、裁きという概念は大惨事や軍事的敗北を説明するために用いられる。たとえば、列王記下（→王）の編纂者*たちの説明によると、前七二二年のサマリア*陥落と北王国〔イスラエル〕滅亡は、前五八七年のエルサレム*陥落と神殿破壊と同じように、みずからの民に対するヤハウェの裁きとして理解すべきものである。というのも、この民と、とりわけその代表者にあたる王たちは、申命記*で定められた神の掟を遵守しなかったからである（王下一七章、王下二四～二五章）。

預言書の多く、とりわけホセア書とアモス書とミカ書には、裁きに関する多くの託宣が含まれている。これらの書は、しばしば南北王国の時代における社会的不正を糾弾し、外国軍による侵入を予告している。さらに、いくつかの預言書では、近隣諸国（エドム、モアブ、ダマスコ）や遠方諸国（エジプト*、アッシリア*、バビロニア）に対する裁きの託宣が含まれており、これらの諸国がイスラエル*およびヤハウェの敵とされている。こうした預言は、軍事的衝突の状況において生じたものであり、託宣の受け手となる人たちに希望を与えるために用いられた。

ユダ王国滅亡とバビロン捕囚*のあとには、はたしてヤハウェの裁きは終わったのかという問題が生じた。そのため、とりわけペルシア人*がバビロニア帝国を滅ぼしたときには、神の裁きに続いて救いと回復がもたらされるであろう、という預言が生じた。こうした理由から、「災厄の預言者*」とよばれる人たちの預言書において、神の怒りの終息（ホセ一四章）やダビデ王朝の復活（アモ九章）、神の憐れみ（ミカ七章）を告げる救いの預言が加えられたのである。

サマリア、サマリア人 (Samarie, Samaritains)

サマリアはもともと、前九世紀にイスラエル*（北王国）のオムリ王が建てた首都の名称であった。サマリアは発展した都市として、長いあいだエルサレム*よりも重要であった。聖書にはヤハウェの聖所*に関する記載がいっさい見られないが、イスラエルの神に対する重要な礼拝がこの地でおこなわれていたことを示すべく、前八世紀のある碑文には「サマリアのヤハウェ」という記載がある。

前七二二年、アッシリア人によるサマリア陥落のあと、サマリアとその周辺地域はアッシリアの属州となりサメリナと称された。アッシリア人は一部の住民を捕囚にし、現地に残留していたイスラエル人を他の住民と混在させた。この地では、先住民がヤハウェ礼拝をおこない続けていたが、彼らは列王記下（↓王）の作者たちによって「サマリア人」とよばれた〔王下一七・二九〕。彼らは、聖書において異教徒と見なされているが、同じようにヤハウェを神として拝めていたのである。

前六世紀からは、サマリア人の共同体がゲリジム山に神殿を建てた。この神殿は、前一二八年にマカバイ家のヨハネ・ヒルカノス〔在位前一三四～前一〇四〕によって破壊されるまで、エルサレム神殿と併存していた。

サマリア人たちは、今日にいたるまで、現存するユダヤ教のいかなる流派よりも古いユダヤ教*を証言している。彼らはトーラーしか認めておらず、犠牲儀礼をつかさどる大祭司*を有している。

サムエル（Samuel）

サムエルは、士師*の時代から王国樹立（↓王）の時代への移行を示す人物である。実際にサムエルは最後の士師とされている。それだけでなく、ヤハウェのおかげで不妊から救われた母親ハンナが、サムエルをシロの聖所に預けて奉仕させたことから、彼はとりわけ預言者としても描かれている。

サムエルの名を冠した二つの書〔サムエル記上・下〕では、まず彼の召命が語られる〔サム上三章〕。ペリシテ人の抑圧をきっかけに王国が樹立され、サムエルはベニヤミン族のサウルをイスラエル*の王として聖別するよう神の命令を受ける。サムエル記上は、王政の起源をさまざまな異本で語っている。最初に、迷子の雌ろばを探しに行くよう父親に送り出された幼いサウルが、道の途中でサムエルに出会い、王として聖別されるというおとぎ話がある（サム上九〜一〇章）。また別の伝承によれば、サウルはその武勲により王となる（サム上一一章）。その一方で、サウルは悲劇的な人物でもある。ヤハウエはサウルを選んだのち、まもなく彼を見捨ててダビデ*のほうを好む。そして、サウルが神の寵愛をもはや得ていないことを彼に伝えるのは、サムエルである（サム上一五章）。

サムエルはすでに、告別の辞（サム上一二章）において、民とヤハウェの選択を受け入れながらも、民の搾取者となる王を生みだしかねないとして、王政への警戒を民に呼びかけていた。一方、神の沈*黙に失望したサウルは、変装して女霊媒師のところに行き、死者たちの霊からサムエルを呼び出してもらうが、サムエルは神の拒絶をはっきりと伝える（サム上二八章）。この拒絶は、ペリシテ人との戦いにおけるサウルと息子ヨナタンの死によって具体的なものとなる（サム上三一章）。サムエル記下は、ダビデの台頭と、王位就任後のダビデに対する反逆にもっぱら焦点が当てられている。

死（Mort）

死という問題は、人類のあらゆる宗教・哲学上の理論における中心的問題である。というのも、死は人間を有限性、すなわち人間の限界に直面させるからだ。旧約聖書において、死はしばしば人間の生涯における当然の結末とされている。充実した生涯を裏づける死は、いわば神の恵みのしるしであり、そこから「生涯を全うして息絶える」（創二五・八）という表現が生じた。それに対して早すぎる死は、大いなる不幸であり、神の罰さえも象徴していた。いずれにせよ、永遠不滅に近づくための唯一の手段は、子孫を介することであった。そのため、古代中近東の人間にとって、子孫とりわけ息子をもうけ、ある意味で子孫を介して生き続けるということは重要である。死が人間の生涯における結末だとしても、祖先を完全に消滅させるのは考えられないことであった。

死者の住居とされる場所〔陰府《よみ》〕は〈シェオル〉とよばれる。この語は旧約聖書において、つねに冠詞なしで登場する。〈シェオル〉はもともと、地獄を支配する神の固有名詞であった。古くに書かれたテクストでは、ヤハウェは〈シェオル〉の王国において支配力をもっていない。たとえば次の一節は、病気のさいに、病人が〈シェオル〉へと降りていくことのないよう、ヤハウェのとりなしを懇願したものである。「死者の国では、誰もあなたの名前を呼ぶことはありません。陰府にあって、誰があなたを賛美するでしょうか」（詩六・六）。ペルシア時代からは、ヤハウェが唯一神になると、ヤハウェは死者の世界も支配するということが主張される。たとえばハンナの賛歌には次の一節がある。「ヤハウェは命を奪い、また命を与え、陰府に下し、また引き上げます」（サム上二章）。こうした背景のもとで、ヤハウェが死者を生き返らせるという考えが生まれた。枯れた骨が生き返るという幻（エゼ三七章）では、捕囚民*の再興が寓意的に表現されている。ヘレニズム時代に書かれたイザ二六章は、ヤハウェのとりなしにより、死者が生き返るだろうと述べている（一四〜一六節）。そして前二世紀のダニエル書は、終末の裁き*を通じて正しき者が復活することを予告している。

その一方で、旧約聖書には、死者の復活という考えに懐疑的な発言も含まれている。たとえばコヘレトはこう述べる。「すべては塵《ちり》から出て、すべては塵に帰る」（コヘ三・二〇）。この問題は、新約聖書で伝えられるサドカイ派とファリサイ派の議論が示すように、後一世紀においてもいまだに議論の的となっていた。

士師（Juges）

旧約聖書によると、モーセ*を先駆者として〔出一八章〕、律法をつかさどり人びとの紛争を調停する人物がいる。こうした人物とは別に、旧約聖書には「士師」〔裁き人〕という特別なカテゴリーの人たちが存在し、とりわけその名を冠した書〔士師記〕に登場する。聖書の年代順にしたがえば、士師記はヨシュア*の征服から、サムエル*とサウルが統治を始めるまでの中間期に位置する。この書で問題となる人物の大部分〔とりわけデボラ、ギデオン、エフタ、サムソン〕は、伝統的な意味において士師ではない。むしろ彼らはカリスマ的指導者であり、士師記の作者が彼らに司法的役割も与えようとしたにすぎない。この書の後半でくり返される次の一節は、士師の時代を混乱期として描いている。「そのころ、イスラエル*には王がなく、おのおのが望むことをおこなっていた」（一七・六、一八・一、二一・二五）。

もともと、これらの人物に関する物語は、別々の地方において、それぞれ独立したものとして伝承された。実際に、「士師」たちの出身は地理的に異なっている。彼らの物語には、しばしば〔悪趣味な〕ユーモアや皮肉、風刺が用いられている。たとえば、士師エフドがモアブの王〔エグロン〕と戦ったとき、王がひどく太っていたせいで、エフドの短刀は脂肪に埋もれて抜けなくなる〔十三章〕。サムソンは、ペリシテの美女デリラにだまされて髪の毛を剃られ、力を奪われてしまう〔十一六章〕。その一方で、悲劇的な物語や恐ろしい物語もある。たとえば、エフタが軽率な誓願を立てたために、自分の娘をヤハウェに捧げなければならなくなった物語〔十一一章〕や、あるレビ人が滞在先の町の男たちに側女《そばめ》を差し出し、男たちが彼女を強姦して殺してしまう物語〔十一九章〕などである。

これらの物語のいくつかは、最初に「救助者の書」〔前九世紀末にイスラエル王国で編纂されたとされる士師たちの物語集〕のうちに収められた。のちに、この書がヨシュア記とサムエル記のあいだに置かれたさいに、士師の時代を混乱期および退廃期として描いて王国の創設を正当化すべく、新たな冒頭部や結尾部が加えられたのである。

十戒 (Décalogue)

十戒は、旧約聖書における他の戒律とは異なり、神*がモーセ*を介さずに、直接的に人びとに伝えたものとされている。「十の言葉」〔十戒の原意〕はおそらく、こうした特別な地位をもつことから、五書*において二度、すなわち出二〇章と申五章に見られるのである。この二つの記述の違いは、安息日規定に関する説明にある。申五章における説明は、エジプト*における民の苦しい境遇を想起させている。それに対して、出二〇章における説明は、創二・一〜三に依拠しつつ安息日を創造*の七日目の記念日としている。

十戒あるいは「十の言葉」とよばれるのは、五書自体がこの表現を用いていることに由来する。すなわち、出三四・二八、申四・一三および一〇・四である。それに対して、十戒の授受を語った物語では、神が民衆に伝えたとされる戒律の数がまったく記されていない。実際に、「十戒」を十の言葉に区分しにくいことは明らかである。ユダヤ教の伝承は、キリスト教の諸教派の大半と異なった方法で区分しており、キリスト教の諸教派についても、それぞれ区分の方法が異なる。

なぜ十という数字なのか。それはおそらく、十という数字が手指の数にも足指の数にもあたるからであろう。しかし、そのような理由でもって、この記述が「十の言葉」と称されるにいったことを説明づけるべきなのか。というのも、〔古代イスラエルの〕文化において、完全性が含まれるのはむしろ十二という数字であり（十二部族*を参照のこと）、したがって律法は十二の掟にまとめられるのが必至であったからだ。十戒の前文において、神はみずからイスラエル人*をエジプトでの労役から救い出した人物であると述べている。そして、この前文に付属するかたちで、いっさいの戒律が続いている。

これらの戒律は、ヤハウエから隣人へと向かうある種の動きを表している。別の言い方をすれば、ヤハウエに対する絶対的な崇拝は、隣人に対する完全な敬愛によって実現されなければならないのだ。この二つの十戒〔出二〇章と申五章〕は、五書の編纂にあたって作成されたものであり、ユダヤ教*を特徴づける主な思想を集約している。その思想とは、ヤハウエこそが唯一の神であり、ヤハウエの偶像を造ったり、その名を唱えたりしてはならないこと、および、安息日はイスラエル人が彼らの神に会う特別な日であること、である。十戒の後半部分に含まれる道徳的規律は、イスラエル人だけでなく古代中近東における他の民族にも共通するものである。ただし、十戒においては、ヤハウェがみずからの民をエジプトでの苦役から解き放ったという理由によって説明されている。

シナイ（Sinaï）

聖書の伝承によると、シナイ山は、モーセ*がヘブライ人*をエジプト*の地から脱出させたのちに、ヤハウェとイスラエル*が出会う場所である（出一九～二四章）。物語はこの山頂にヤハウェが住んでいると考えているようである。モーセが登頂することになるが、民がそこに近づくことはできない。

シナイの語源とその位置は不明である。申命記*ではホレブという名称が用いられているが、この名は乾燥状態を意味する語根に由来している。シナイ半島南部とされる現在のシナイ山の位置（ジェベル・ムーサ）は、四世紀のキリスト教の伝承にもとづいている。申三三・二や士五・四～五など、ヤハウェのシナイ到来を描いた古い詩文は、この場所をセイルないしはエドム、すなわち現在のヨルダン南部にあたるユダの南東地域と並べている。ヤハウェ神はおそらくこの地域から生じたのである。

したがって、シナイはもともとヤハウェの居住地だったのである。ヤハウェはときおりそこから下り、軍事衝突のさいに崇拝者に同行する（士五章）。シナイでの啓示*に関する聖書物語は、ヤハウェをこの場所から「移す」ことを目的としている。出エジプト記*の最後では、民はヤハウェのために移動式の聖所*を作る（出四〇章）。これにより、シオンの山に神殿が建てられてそこに住まうまで、ヤハウェは砂漠を越え、土地の征服にあたって民に同行することになる。

詩編（Les Psaumes）

詩編はユダヤ教徒およびキリスト教徒にとって、つねに特別な書をなしている。Psautier ともよばれるこの書は、さまざまな文学類型からなる百五十の歌を収めている。ヘブライ語では〈テッヒリーム〉、すなわち「賛美」とよばれる。この書名は詩編の賛歌としての働きを引き立てるものである。とはいえ詩編には、嘆きの歌や教訓的な歌も含まれている。

ヘブライ語版テクストとギリシア語版テクストでは、詩編の数え方に大きな違いがあり、ギリシア語版の番号づけは、カトリック教会の聖書に反映されている。ギリシア語版テクストには、さらに一五一編が収められているが、このヘブライ語写本はクムラン*でも発見されている。

詩編は一度に書かれたのではなく、いくつもの小歌集のまとまりから生じたものであり、このことはさまざまな枠によって示されている。詩編をトーラーに照らして読むことを勧める枠が存在する（詩一編および一一九編）。この枠の内部には、それ以前の時代にまとめられた歌集が、二つのメシア詩編（詩二および八九編）に囲まれた状態で組み込まれている。最後の枠は賛美という主題によって形成されている。詩一編が「幸いな者よ」という幸福への呼びかけで始まるのに対して、詩一五〇編は「息ある者はみなヤハウェを賛美せよ」という賛美への呼びかけで終わる。詩編はのちに五つの「書」に区分されたが〔すなわち、一～四一編、四二～七二編、七三～八九編、九〇～一〇六編、一〇七～一五〇編、の五巻に分類される〕、これはおそらく五書*との類比によるものだろう。

旧約聖書には、詩編以外の歌も含まれている。たとえば、ミリアム*の賛歌（出一五章）やハンナの賛歌（サム上二章）などである。詩編において、多くの歌がダビデ*の生涯の逸話に関係づけられた表題をもっている。いずれの表題も歴史的順序ではなく、むしろ神学的秩序を示したものである。これらの表題は、著名人物が読者に対する模範となるべく、詩編の内容を著名人物の生涯のさまざまな状況に結びつけようとしている。

詩編はしばしば一人称で語られている。これは具体的な人物としての「私」なのだろうか。あるいは、それよりも妥当な考え方であるかもしれないが、詩編は、嘆きを表したり救いを求めたり、あるいは願い事がかなったあとで賛美を伝えたりしようとする人たちに捧げられた、いわば「公式歌集」のようなものと見なすべきだろうか。

釈義（Exégèse）

«exégèse»（釈義）という語は、「外に導き出す」を意味するギリシア語の〈エクセゲオマイ〉に由来する。したがって聖書釈義は、聖書本文の意味を引き出して明らかにすることを目的としている。

ユダヤ教*では紀元数世紀からすでに、トーラー（五書）*を読み解いてありとあらゆる状況に合わせるための解釈の方法が、ラビたちの釈義によって発展した。その釈義とは、まずミドラシュ（「研究」）であり、これをもとにして、ラビたちの釈義を収めた最古の集成であるミシュナ（「くり返し」）が発展した。ミシュナは二つの主要なタルムード（「教え」）、すなわちバビロン*とパレスチナのタルムードの出発点となった。さらには教父たちも、聖書における字義的、寓意的、道徳的、霊的という四重の意味論を発展させた。合理主義と啓蒙主義の時代には、近代的な聖書釈義が生まれた。テクストと読者とのあいだにある歴史的相違を意識するとともに、超自然主義を斥けようとする態度は、いわゆる「歴史的・批判的」方法によって具体化する。これはドイツや英米の大学において、すでに十九世紀から主流となりつつあった方法である。このタイプの釈義は、キリスト教会やシナゴーグからの解放を意味するものでもある。歴史的・批判的解釈は、聖書本文が映し出す時代は現代と大きく異なるものである、という点を重視する。そのため、テクストの（「決定的な」）意味を示そうとはせず、示すこともできないとしており、なんらかの思想に回収することに警戒を求めている。

祝福と呪い（Bénédiction et malédiction）

祝福は、その対義語である呪いと同じように、行為遂行的発言、すなわち発言そのものが発言内容を実行するという考えを表している。祝福はヘブライ語で（アラビア語と同じく）〈ベラカ〉といい、そこからフランス語の《avoir la baraka》〔運がいい〕という表現が生じた。旧約聖書において、たとえば人類最初の夫婦〔創一・二八〕やアブラハム*〔創一二・二〕を直接祝福することができるのは神*である。だが、多くの場合は人間たち、すなわち祭司*、王、さらには族長を通して祝福がなされる。ヤコブ*が兄エサウから長子の祝福を奪いとった逸話〔創二七〕が示すように、祝福はひとたび与えられると、人間が撤回することはできない。

旧約聖書のテクストに収められた〔祝禱に関する〕文言のうちで、今日まで知られている最古のものは、民六・二四〜二六における「祭司による祝福〔アロンの祝禱〕」である。若干の異文を含むものの、同じような文書が、エルサレム*近郊にあるベン・ヒノム〔ヒノムの谷〕の墓で発見された。この文書は、前七世紀か前六世紀、もしくは前五世紀のものと推定され、護符として持ち運びできるように銀の巻物に記されていた。このことは、祝福の言葉が身体を完全に保護する働きも担っていたのかもしれない、という点を示している。

祝福のもたらす影響についても、たとえば長寿や子孫繁栄、豊作や繁盛など、きわめて具体的なものである〔申一五・四〜六〕。呪いの言葉は、災いをすぐさま呼び寄せるために〔王下二・二三〜二五〕、あるいは、呪いの受け手に対してなんらかの行動を警告するために発せられる。後者のもつ教育的な〔予防措置としての〕働きは、とりわけ申命記*における呪いの言葉〔申二八〕に見られるが、これらの呪いは新アッシリア〔前九三四〜前六〇九〕の条約文書に記された呪詛から着想を得たものである。

祝福と呪いを実現するのは、神のみ業《わざ》である。とはいえ、人間が神を祝福する文言もいくつかある

（創二四・二七、サム上二五・三二など）。この場合には、祝福は賛美の意味を帯びている。

出エジプト（Exode）

《Exode》という語は、旧約聖書における第二の書〔出エジプト記〕の名称であり、かつ、ヘブライ人の起源神話*にあたるエジプト*からの脱出を概括した語でもある。エジプトからの脱出は出エジプト記の前半部分で記されている。この書のフランス語の題名は、ギリシア語の〈エクソドス〉（出発）に由来するが、ヘブライ語では〈シェモート〉（名前）と題されている。というのも、この書の冒頭では、エジプトに移住したヤコブ*の子孫たちの名前が挙げられているからである。出エジプト記は、新たなファラオの即位とヘブライ人*に対する圧制を語っている。神*はみずからの民を助けるために、ファラオの娘の養子として育てられたモーセ*を召し、エジプトでの苦役から民を救出する任務を与える。この救出は、葦の海〔紅海〕の横断というかたちで実現する（出一四）。イスラエル*の民は海を渡るが、ファラオとその軍隊は溺死する。

出エジプト記の後半部分では、シナイ*におけるヤハウェと民との出会いが語られる。ヤハウェは煙と雷の中から顕現する。モーセは、イスラエルとヤハウェとの契約*を仲介する人物として、まずは十の言葉（→十戒）を、それから他の律法を民に伝える。出エジプト記の最後では移動式の聖所*〔幕屋〕が作られ、この聖所にヤハウェの栄光が宿る。

出エジプト記の最初では、イスラエルの民はファラオの奴隷であったが、最後にはヤハウェの奴隷もしくは召使い（どちらもヘブライ語では同一の語）となる。ようするに、彼らは別の主人を選んだのである。エジプト脱出の物語は、前七世紀にはじめて記されたが、王上一二章が示すように元来は北王国（イスラエル）を起源としている。王上一二章において、北王国の初代王ヤロブアムは、エルサレム*に対抗して二つの聖所を作ったが、そこではエジプトから導き出した神としてヤハウェが拝められていた。

出エジプトの伝承は古くから存在していたはずである。それは史実にもとづいた出来事ではなく、ひとつの神学的産物である。この出来事を歴史的に再現するための材料としては、エジプトによるレバント地方の支配が前二千年紀末ごろに弱まったこと、さらにエジプト人がシリアやパレスチナの奴隷を使用したことがある。

贖罪《しょくざい》の山羊（Bouc émissaire）

この表現は多くの言語に見られるが、その起源はレビ記*一六章に記されている大贖罪日（ヨム・キップール）の儀式にある。この記述は、聖所*や会衆を対象として毎年はじめに執り行われるさまざまな清めの儀礼を結びつけたものである。

贖罪の山羊（ヘブライ語テクストでは「アザゼルの山羊」）の儀式は、まず二匹の雄山羊を選ぶことから始まる。一匹の雄山羊は「ヤハウェの山羊」となる。この雄山羊が捧げ物にされて〔焼かれると〕、神*に向かって煙が立ち昇る。もう一匹の雄山羊は、生きたままにしておく。大祭司にあたるアロン〔モーセの兄〕が、この雄山羊の上に両手を置き、会衆全員の罪*を背負わせる。それから雄山羊は荒野の「アザゼルのもとに」〔レビ一六・一〇〕送り出される。このアザゼルなるものの正体については、今日まで議論が続いているが、おそらく当時の空想によれば荒野に数多く住んでいるとされていた悪魔の一種であろう。

この儀式は分離儀礼〔従来の地位や状態からの離別を象徴する儀礼〕のひとつである。すなわち、民衆が神の前で赦しを受けることができるよう、人びとの罪を負った山羊が、民衆から切り離されるのである。この儀式の根底にある考えとは、いわば人類学の基調のようなものであり、すなわち、ある集団が自分たちの罪を〔無実の〕犠牲者に負わせ、こうした罪の転嫁のおかげで新たな団結や一致が取り戻されるという考え〔いわゆるスケープゴート〕であろう。こうした考えは、死*にいたるまで人びとの苦難を背負った主の僕《しもべ》の詩〔イザ五三章〕にも見られる。

諸書（Les Écrits）

ケトゥビーム〔諸書〕はヘブライ語聖書の第三部、すなわち最後の部にあたる。これはその名称が示すように、もっとも統一性に欠けた部分である。諸書には、さまざまな文学類型の書が収められており、いくつかの書は相反する神学思想を伝えている。ヘブライ語聖書の写本の大半において、諸書の冒頭には詩編、*すなわち賛歌や詩歌の集大成が収められている。さらには箴言も収められている。箴言は、さまざまな由来をもつ知恵*の言葉をまとめた書であるが、それぞれの人間の行動に応じた直接的な報いがあると考えている点では、いずれの言葉も一致している。ところが、こうした見解はヨブ記*とコヘレトの言葉において批判されている。この二つの書が説くところによれば、人物の行動と人間の運命のあいだに直接的な関係性はない。

のちには比較的短い五つの書が加えられた。これらの書は、とりわけアシュケナジムの共同体において、特定の祝祭の典礼で用いられたことから、メギロート（「巻物」）*とよばれた。すなわち、雅歌（過越祭）、ルツ記*（シャブオット、七週祭）、哀歌（エルサレムにおける第二神殿滅亡の記念日）、コヘレトの言葉（スコット、仮庵祭）、エステル記*（プリム祭）である。さらに諸書はダニエル書も収めている。ダニエル書は黙示*的思弁を含んでいる点で、ヘブライ語聖書において珍しい書のひとつである。そして諸書の最後には、歴代誌、エズラ記*、ネヘミヤ記が収められている。これらの書は、サムエル記*や列王記（↓王）と異なる視点から王国の歴史を描いたものであり、王国の歴史の続編として、ペルシア時代のエルサレムおよび神殿の再建を語っている。

いくつかの写本では、あらゆる物語の筋に反して、歴代誌が最後に置かれている。その理由はおそらく、ヘブライ語聖書がペルシア王〔キュロス〕の呼びかけによって幕を閉じるようにするためであろう。ペルシア王はヤハウェの命令により、すべてのユダヤ人に対して、エルサレムへの移住（アリヤー）をうながす〔代下三六・二三〕。正典*の第三部〔諸書〕が紀元初頭に複雑化した理由には、おそらくさまざまな要因がある。一方では、キリスト教に対抗するかたちで、ユダヤ教*において「聖典」とすべき書を定める必要があった。他方では、当時の文化を支配していたギリシア人に対して、ユダヤ教徒も教育用読本の「規範」をもっており、その読本には教訓的物語や知恵の言葉、歴史*や哲学や詩歌が同時に含まれていることを示す目的が、おそらくあったのであろう。

女性（Femmes）

旧約聖書は父権社会を描いたものであり、聖書のテクストは男性によって書かれた。こうした男性中心的な見解を反映しているのが、とりわけ不義や姦通に対する考え方である。というのも、既婚男性が遊女と交際することや、若い男性が相手の同意なしに若い女性と肉体関係をもつことが許されているからである。

とはいえ、旧約聖書では、必ずしも支配者に従順ではない女性たちが多く登場する。たとえば、タマルは子孫を得るために、遊女に変装して舅《しゅうと》のユダを誘い、肉体関係をもった〔創三八章〕。さらにファラオの助産婦たちは、生まれた男児を殺害しようとするファラオの計画に対して、巧みに抵抗した〔出一・一五〜二二〕。モーセ*の妻ツィポラは、ヤハウェの攻撃から夫の命を救い〔出四・二四〜二六〕、女預言者デボラは戦争*において、数々の指揮官よりも勇敢な態度を示した〔士四章〕。雅歌では、無名の女性が主導権を握っており、彼女は性欲の対象とされていない。

女性の地位はペルシア時代に向上したように思われる。その証拠となるのが、ルツ*やエステル*などの物語であり、彼女たちは女主人公として、イスラエル*のために率先して立派な行動をおこなう。ツェロフハドの娘たちが相続権を要求し、条件つきで承認されたという記述（民二七および三六章）は、女性の法的地位が改善したことを示している。いくつかの記述は、ヤハウェの行動の描写に女性的表現さえも加えている。イザ四二・一四では、ヤハウェは新たに民を産もうとする妊婦にたとえられている。イザヤ書*のさまざまな箇所（四二・一四や六六・一三など）によると、ヤハウェは「男性的な」神であるだけでなく、女性的な神でもあるのだ。

申命記（Deutéronome）

申命記は五書*における第五および最後の書である。フランス語の書名は「第二の律法」を意味するギリシア語に由来している。申命記は、シナイ*で啓示された律法（出二〇章〜民一〇章）の概要および解説となっていることから、このように命名された。ユダヤ教徒は申一・一の序言にしたがい、この書を「言葉」と称している。

申命記は、死に瀕したモーセ*による別れの大説教のかたちをとり、最後はモーセ*の死に関する物語で幕を閉じる。モーセは約束の地を目にするが、そこに入ることはできず、神自身によって葬られる

〔申三四章〕。申命記の中心部分は、律法の集まりによって構成されている〔申一二～二六章〕。これらの律法の大半は、出エジプト記*やレビ記*や民数記*に含まれる法律文と同じ話題を扱っているが、しばしば異なる規則を定めている。申命記の最古の資料〔いわゆる原申命記〕は、ヨシヤ王*の政治・宗教改革を擁護するために、前六二〇年ごろに記された。その改革とは、エルサレム神殿*がイスラエル*の神のための唯一正式な聖所*となるよう、中央集権政策を推し進めることであった。そのため、申命記の律法の導入部では、ヤハウェはあらゆる部族*の中からただひとつの聖所を選ぶであろうと規定している〔申一二・五〕。この唯一なる聖所に「唯一なる神ヤハウェ」が呼応していることは、〈シェマ・イスラエル〉という言葉〔ヘブライ語で「聞け、イスラエルよ」の意味〕に示されるとおりである。この〈シェマ・イスラエル〉は、原申命記における導入句であったが、今日でもユダヤ教*では、「聞け、イスラエルよ。ヤハウェは私たちの神、ヤハウェは唯一である」〔申六・四〕という聖句とともに朗誦されている。

原申命記の構成や語彙は、〔アッシリアの〕王エサルハドンが前六七二に発布した忠誠の誓約をもとにしている。この誓約は、王が息子アッシュルバニパル〔在位前六六八～前六二七〕を優遇するために、臣下たちに結ばせたものである〔→契約〕。この条約においても、アッシュルバニパルを愛さなければならないことや、アッシュルバニパル以外の君主に仕えてはならないことが示されている。申命記は読者たちに対して、みずからの神に絶対的忠誠を捧げ、他の神々を拝んではならぬことを警告するために、この条約を模倣したのである。前五八七年のエルサレム滅亡後、この大惨事の原因はエジプト*脱出後にヤハウェと結んだ契約*を民が守らなかったことによるという説明を与えるために、申命記には加筆修正が施された。

神話（Mythe）

「神話」（mythe）という語には、ふつう軽蔑的なコノテーションがつきものだ〔mytheには「作り話」や「嘘」という意味もある〕。神話はしばしば、歴史*あるいは歴史物語と対置される。歴史あるいは歴史物語は、神話とは対照的に、「真実」とされがちだ。そのため、神話が聖書物語に加えられていることに関しては、つねに黙認されてきた。しかしながら、この〔神話という〕語の原意は、語り、すなわち起源説話である。神話の愛好家であったギリシア人*は、神話を語ることで儀礼について説明し、神々を登場させることで世界の起源や人間のありさまについて説明した。聖書、とりわけ五書*における数々の物語も、まさに同じことである。これらは明らかに神話的な物語であり、しばしば古代中近東の神話に着想を得ている。

世界の創造*、アダムとエバ*、カインとアベル、大洪水*やバベルの塔*などの物語は、歴史的根拠にもとづく神話ではなく、われわれ人類が問う重大な問題にもとづく神話である。こうした重大な問題に対しては、神話的言説だけが唯一の答えとなりうるのだ。聖書に神話が含まれることを否定しようとするのは、よこしまな護教論的立場であり、しかも蒙昧主義に属するものである。

聖（Sainteté）

旧約聖書において「聖なる」という語は、最初に「分け隔てられている」こと、他のものに比べて特別な地位にあることを意味する。もともとヘブライ語の〈カーダシュ〉という語根は、いかなる道徳的なニュアンスも含んでいない。たとえば遊女は、特殊な社会的役割を果たしている以上、他の人たちに比べて「聖なる女」と称されることもある。同じように祭日も、平日に比べて特別な状態であるため、聖なる日とされる。

旧約聖書、とりわけイザヤ書*において、ヤハウェは「聖なる神」あるいは「イスラエル*の聖なる方」とよばれている。ここでの聖とは、神*と人間を隔てる乗り越えがたい差異を表しているだけでなく、たとえば預言者イザヤの幻（イザ六章）にあるように、いかなる人間も特権的な存在でないかぎりはそこに近づくことができないという、聖なるものの恐ろしさも意味している。

レビ記*一～一六章を記した祭司集団にとっては、祭司*こそが聖なる者である。というのも、祭司は特別な地位を占めており、いけにえ*によって聖なる神と民を仲介するからである。しかし、こうした考えは、共同体全体を聖なるものとした申命記*およびレビ記後半（レビ一七～二六章の「神聖法典」）によって反駁される。ここでの聖とは、他の民族に対するイスラエルの特別な地位を表したものであり、神聖法典の作者たちによれば、倫理的な行動も含まれる。こうした「聖なる」行動は、とりわけ隣人愛*や、弱者および異国人*に対する配慮のかたちで現れる（レビ一九章）。

聖所 (Sanctuaire)

ヘブライ語の〈ミクダーシュ〉は、フランス語の「聖所」に相当する語である。聖所とは、他と切り離された聖なる場所であり、人間の世界と神の世界とのつながりを確保するための場所である。聖所はしばしば、天*と地との交わりを象徴すべく、山や丘の上に設けられている。創二八章では、おそらくイスラエル*でもっとも重要な聖所である、ベテル*聖所の建立が語られている。ヤコブ*はベテルで夢を見たのちに、こう叫ぶ。「ここはまさに神の家ではないか。ここは天の門だ」(一七節)。この叫びは、のちにヤコブがこの場所に与えたベテル(エルの家)という名称をほのめかしている。ベテルという地名は、創二八章の物語がヤハウェ神のものと主張している聖所が、もともとはエル神の聖所だったことを示している。

神殿を備えた聖所のほかにも、〈バモート〉(高き所)とよばれる屋外の聖所も存在し、そこではヤハウェが、おそらくは陪神アシェラとともに拝められていた。こうした村の聖所は、エルサレム神殿*を唯一正式な聖所とする列王記(↓王)の作者によって非難される。ソロモン*王によるエルサレム神殿の建築については、王上六〜八章でかなり詳しく語られている。

エルサレム神殿の構造は、古代中近東における多くの聖所に特徴的なものである。まず、祭壇を取り囲むようにして内庭があり、そこから玄関に入ると、柱で飾られた大きな本堂があり、その奥には、祭司*だけが立ち入ることのできた「至聖所」がある。聖書物語によると、この場所には契約の箱*が安置されていた。歴史的には、前五八七年に神殿が破壊されるまで、おそらく内部にはヤハウェ像があったとされる。

さらには、実際にソロモンが新しく神殿を建てたのか、それとも既存の聖所をたんに改築し修繕したにすぎないのか、ということも問題となるだろう。王上六～八章の記述は、むしろ後者の方向に沿うものである。しかもダビデ*は、バト・シェバともうけた長子が死んださいに、「ヤハウェの家」（サム下一二・二〇）を訪れており、このことからエルサレムに神殿が存在したと推測される。

　エルサレム神殿は、バビロニア人に破壊されたあと、ペルシア*人の許可のもとで再建された。この「第二神殿」は、後七〇年にローマ人に破壊されるまで、五世紀以上にわたり存続した。

聖書の成立（Formation de la Bible）

　旧約聖書は突如として誕生したのではない。それは千年近くにわたる長いプロセスの産物である。ヤコブ*の物語や出エジプト*の物語といった、いくつかの物語的伝承は、最初は口頭で語り継がれた。前七世紀は重要な時期であり、これらの伝承がヨシヤ*王の治世下において書き記された。前七二二年のサマリア*陥落のあと、北王国（イスラエル*）で語り継がれた伝承はユダ王国に伝わったが、ユダ王国における正式な文書を作るために、これらの伝承を書き記しておく必要があった。さらにヨシヤ王の治世は、申命記*やヨシュア*記、サムエル*記や列王記（→王）といった書が成立する時代でもある。列王記の最古の資料は、ヨシヤ王に対する称賛で終わり、ヨシヤ王を新たなダビデ*として描いている

〔王下二二〜二三章〕。

前五八七年のエルサレム陥落*とバビロン捕囚*をきっかけに、大部分のテクストが編纂されるとともに、それ以前の文書に修正が施された。申命記、ヨシュア記、士師記*、サムエル記、列王記などの書は、「申命記史家」とよばれる書記たちによって修正された。これらの書記たちは、申命記の言語表現に影響を受けつつ、大惨事の発生はヤハウェの弱さのしるしではないことを示そうとした。〔エルサレム陥落やバビロン捕囚などの〕出来事を引き起こしたのはヤハウェなのであり、民の指導者たちが申命記で定められた律法を遵守しなかったために、ヤハウェが彼らに制裁を加えようとしたのである。

つまり、ヤハウェがバビロニア人を利用できるのは、ヤハウェがバビロニア人の神々よりも大きな力をもっているからなのだ。これがイザヤ書*の編纂者*たちのメッセージである。彼らは、ヤハウェこそが唯一なる神であるということ、ヤハウェが怒りを鎮め、過去よりもはるかに良い未来を民のために生みだすということを説くために、この預言書に第二部を加えたのである。

ペルシア時代初期には、祭司*階級の人びとから出てきた作者たちが、さまざまな起源にまつわる物語*を編纂した。これらの物語を含んだ記述は、今日では創世記*やレビ記*に見いだされる。いずれの記述も、のちにユダヤ教*にとって重要となる慣習、すなわち安息日(創一章)、割礼*(創一七章)、過越祭(出一二章)、食物の規定(レビ一一章)、大贖罪日の儀式(レビ一六章)といった慣習が、もともと政治体制の成立以前に定められていたことを示している。したがって祭司資料の記述には、ユダヤ教が政治的承認を必要としないという考えがすでに表明されているのである。

一部の預言書にはとりわけ〔民に対する〕告発文が含まれていたが、ペルシア時代になると、救済史観（→裁きと救い）をはっきりと表すために、預言書に修正が施された。

ヘレニズム時代には、雅歌、コヘレトの言葉、歴代誌などの書が成立した。これらの書は、さまざまな手法によって、ギリシア文化との対話を試みたものである。ダニエル書は前二世紀に誕生したが、これはおそらくヘブライ語聖書のうちでもっとも新しい書である。

こうして紀元初期に成立した旧約聖書は、一冊の本というよりもむしろ叢書のようなものであり、さらには、さまざまな時代や思想的状況を反映した記述を同時に収めた名作集なのである。

正典（Canon）

《canon》（正典）という語は、ギリシア語の〈カノーン〉に由来し、規範や基準を意味する。これはおそらく「葦《あし》」や「〔葦を用いた〕ものさし」を意味するヘブライ語の〈カネー〉から発した語である。この語は、霊感を受けて書かれ、教育や信仰の基盤をなすとされた文書群を指すために用いられる。ユダヤ教*やキリスト教以外にも、たとえば仏教のように、正典を根拠とする宗教はいくつか存在する。正典は古代ギリシア人のあいだにも存在し、彼らは若者たちの教育に必要とされる作品のリストをもっていた。

正典を定めるということは、ある共同体や民にとって、みずからのアイデンティティの基盤となる諸文書を定義して決める必要があったことを示している。旧約聖書は偶然によって生じたのではない（→聖書の成立）。それは長いプロセスを経て、ようやく紀元後二世紀に成立したのである。ユダヤ教の聖書の三部分に対応するかたちで、ヘブライ語聖書の成立を三段階に分けることができる。

最初に、ペルシア時代末期（前四〇〇年から三五〇年のあいだ）にかけて、五書*（トーラー）が定められた。これは黎明期のユダヤ教に対して、さまざまな律法集やイスラエル*の起源を語った伝承からなるひとつの基盤をもたらした。

次に預言者*（ネビイーム）が定められた。ユダヤ教の伝統において、ペルシア時代は「霊感を受けた」預言の終わりを意味する。「エルサレム神殿が破壊された日から、神の霊感は預言者たちから奪われ、賢者たちに与えられた」（バビロニア・タルムード「ババ・バトラ」、一二b）。こうした考えを受けて、預言者たちの真の言葉を含むとされる預言書だけが集められ、編纂されることになった。預言者の正典化はおそらく前二〇〇年ごろに完結した。そのためダニエル書（前一六四年に書かれた）は預言者に収められなかった。諸書*（ケトゥビーム）の正典化は、ローマ人による七〇年のエルサレム*破壊のあとに、しかも部分的には、当時影響力を拡大しつつあったキリスト教に反発するかたちで生じた。

いくつかの書については、長いあいだ正典性をめぐる議論がなされた。すなわちエステル*記、雅歌、コヘレトの言葉（伝道者の書）である。また、正典から除外された書もある（たとえばシラ書〔集会の書〕、ユディト記、トビト記、ソロモンの知恵〔知恵の書〕など）。

ユダヤ教とキリスト教は、正典について同じ見解を抱いていない。ユダヤ教にとっては、五書が他の二部分〔預言者と諸書〕よりも明らかに高い地位をもつ。シナゴーグ礼拝においてすべて読み上げられるのは、トーラー〔五書〕だけである。それに対して預言者や諸書は、付随的な書、あるいは特定の祭儀のための朗読文とされている。キリスト教徒が旧約聖書について話すとき、ユダヤ教の聖書をさまざまな言い方で表現するが（↓外典）、ユダヤ教には旧約聖書についてそれほど明確な名称はない。もっとも一般的な名称は〈タナク〉（TaNaK）であるが、これはユダヤ教の聖書の三部分（「トーラー **Torah**」、「ネビイーム **Nebiim**」、「ケトゥビーム **Ketoubim**」）の頭文字から作りだされた呼称にすぎない。同じように、〈ミクラー〉（コーランと同じ語源で「読み物」の意味）という名称もあるが、これはトーラーが規則正しく読まれ朗誦されなければならないことを警告したものである。

戦争と平和（Guerre et paix）

戦争は旧約聖書のいたるところに見られる。神*は人間たちの戦争に巻き込まれ、戦争に干渉したり、出陣の命令を下したりする。こうした様子は、聖書の読者の多数にとって不愉快なことであろうが、古代中近東の諸文明に共通する考え方を反映したものである。

ヘブライ語で戦争を表す語である〈ミルハマ〉は、「敵対する」という意味の語根に由来する。一方で、〔〈ミルハマ〉と同じ語根をもつ〕〈レヘム〉という語も存在するが、この語は「パン」や「糧」と訳される。戦争と糧とのあいだには、いったい関連性があるのだろうか。戦争は平和に対立するのが通例である。ヘブライ語で〈シャローム〉という語は、「繁栄・充足・平和」を意味する。ところが、人びとの考えに反して、ヘブライ思想における戦争は〈シャローム〉に対立するものではない。戦争と平和は、いずれも混沌状態や無秩序に対立するものである。したがって戦争は、混沌状態に対抗し、調和と秩序を取り戻すための手段とされているのだ。「万軍の［主なる］ヤハウェ」を意味する〈ヤハウエ・ツエバーオース〉という語は、旧約聖書において二八〇回以上も登場する。この称号は文脈によっては、天上界および人間界の戦争におけるヤハウェの介入を連想させることもある。その顕著な例は、創造*の秩序をおびやかす混沌とした海の力に、ヤハウェが対抗する場面である（詩八九・九〜一〇）。

あちこちで戦争が繰り広げられる状況に対して、やがて終末時が戦争に終わりをもたらすことを予想した書も存在する。たとえば二つの預言書では、以下の有名な一節が伝えられている。「彼らはその剣を鋤《すき》に、その槍を鎌《かま》に打ち直すであろう。国は国に向かって剣を上げず、もう戦うことを学ばないだろう」（イザ二・二〜四、ミカ四・一〜五）。しかしながら、終戦という理想は、ヤハウェによる諸国民の裁き*を語った「鋤を剣に、鎌を槍に打ち直せ」という発言において修正される（ヨエ四・一〜一二）。このような終末論的戦争は、クムラン*における重要な思想のひとつでもあり、実際に［クムラン写本の一部をなす］「戦いの書」には、光の子と闇の子が最終戦争をおこなうことが記されている。どうやら人間たちは、戦争という考えをなかなか捨てられないようである。

創世記（Genèse）

創世記は旧約聖書における第一の書である。ギリシア語に由来するこの書名が示すように（〈ゲネシス〉は「誕生」や「起源」の意味。ヘブライ語の書名〈ベレーシート〉は冒頭の言葉をとったもので、直訳すると「はじめに」の意味）、この書は世界と人類の起源、イスラエル*と近隣諸国の民の起源を語ったものである。創世記は二つの大部から構成されている。

一章から一一章までは、起源の問題をめぐる普遍的な問い、さらには人間のありさま*に関する考察を含んでいる。第二部にあたる一二章から五〇章までは、イスラエルと近隣諸国の父祖たちの物語について記している。第二部は大きく三つの集合体に分けることができる。すなわち、アブラハム*とイサクの物語（創一二〜二六章）、ヤコブ*の物語（創二七〜三六章）、そして最後に、ヤコブの十二人の息子たちの一人であるヨセフの物語（創三七〜五〇章）である。

創世記は、モーセ*とエジプト*脱出の物語の序幕として読むこともできるが、それ自体の特徴もそなえている。五書*に収められた他の書とは異なり、いくつもの系図が挙げられており、多くの系図には「以下がその歴史である」という見出しがついている（創二・四、五・一、六・九など）。したがって創世記は、イスラエルおよび全人類の起源を定めたひとつの集合体として現れているのであり、複雑に絡みあった系図によって、イスラエルの祖先が他民族の祖先と密接に結びついていることが示されているのだ。この書においては、なんらかの家系に属するということが、アイデンティティを形成することになる。どこの出身なのか、誰が祖先なのかを知ることは、創世記においてはきわめて重要である。

世界と人類の起源、アブラハムとヤコブの物語は、はじめに祭司*階級の出身とされる小集団によって編纂された。のちにヨセフ物語が付加されることで、カナンの地からエジプトへの移住に脚色が加えられ、出エジプト記*の冒頭につながる。祭司資料において、この移住がおこなわれるのは、ヤコブの家族によるエジプト下りだけであった（創四六章）。エジプトに関する否定的なイメージは、ヨセフ物語によって修正される。すなわちエジプトは、抑圧の地であるだけでなく、安住と歓迎の地にもなりうるのである。

創造（Création）

われわれが生きている世界の起源は、人類にとって永久不変の問題であるように思われる。というのも、「ビッグバン」の話も含めて、ほとんどの文明が世界の起源にまつわる物語をもっているからだ。神話においては、神々はさまざまな方法によって、世界と宇宙の創造に介入する。創造は繁殖のようなものと考えられることもある。エジプトのヘリオポリス*創世神話では、ヘシオドス〔前八世紀ごろのギリシア詩人〕の『神統記』と同じように、世界の起源は神々の生殖行為にあるとされている。このような考えは、旧約聖書の冒頭における創造物語には存在しないが、たとえば詩九〇編における次の一節にも見られるように、いくつかの痕跡を残している。「ヤハウェよ、あなたは代々にわたって私たちの住まい。山々が生まれる前から、あなたが地と世界を産み落とす前から、いにしえからとこしえまで、あなたが神」（一～二）。

さらに天*と地の創造は、神々の戦いから生じることもある。前一千年紀初頭に書かれた壮大なバビロニア叙事詩である『エヌマ・エリシュ』は、アプスー（淡水から生じた男神）とティアマト（海水から生じた女神）がたえず愛しあって交わる様子を、原初の状態として描いている。この交わりによって、さまざまな神々が生まれた。アプスーは子孫を殺そうとするが、エアという神に殺されてしまい、エアが淡水をつかさどる神となる。ティアマトは、夫アプスーの死に対して復讐しようとするが、彼女もまたマルドゥク〔エアの息子〕に殺されてしまう。マルドゥクは至高の神となり、ティアマトの遺骸によって世界を創造する。マルドゥクは、ティアマトの遺骸を二つに引き裂くと、一方で神々のために天を造り、もう一方で地を造った。ティアマトの体内からは夜が生まれた。ティアマトの両目からは二つの川、すなわちティグリス川とユーフラテス川が流れた。こうして世界は、海中の怪物に対する戦いから生じたのである。これと同じような考えは聖書にも見られる。いくつかの詩編*では、イスラエル*の神がはじめに海と戦ったのちに世界を造った人物であるとして、祈りが捧げられている。「しかし神よ、あなたは昔から私の王。〔…〕あなたは力をもって海を分け、その水の上で竜たちの頭を砕きました〔…〕。昼はあなたのもの、夜もあなたのもの。あなたは月と太陽を備えました。あなたは地のすべての境を定めました。夏と冬を造ったのもあなたです」（詩七四編）。

もっとも有名な創造物語である創世記の第一章は、このような見解に立っていない。この章において、神*は崇高なる存在であり、いっさいは神の言葉から生じる。とはいえ、それは虚無からの創造ではない。〈トーフー・ワ・ボーフー〉（混沌状態）、闇、深淵など、神の言葉に先立つ要素がいくつか存在する〔創一・二〕。深淵の原語にあたるヘブライ語の〈テホム〉は、おそらくティアマトと同じ語根から派生したものである。これらの原初の「材料」は、まずは分離の作業によってかたちを変える。この創造物語を作ったのはユダの祭司*たちである。彼らは、前五八七年のエルサレム陥落後*にバビロン*に連行されたか、あるいは、ペルシア時代初期にバビロンから戻ってきた。これらの祭司たちは、バビロン滞在のさいにバビロニア創世神話を知った。彼らはバビロニア文明の知識や思想を借用しつつも、神は唯一であるとする自分たちの見解にしたがって修正した。しかし、この神の呼称にあたる〈エロヒム〉は複数形（「神々」）としても理解できるがゆえに、彼らは一神が多神を包括しうることを示唆しているのである。

族長（Patriarches et matriarches）

創世記*は三人の族長の生涯を語っている。彼らはヘブライの民の父祖であるだけでなく、近隣の部族や民の父祖でもある。アブラハム*は、アラビアの部族の先祖にあたるイシュマエル*の父であるとともに、イサクの父でもある。サラの死後、アブラハムはケトラ（「香料」の意味）と息子たちをもうけるが、この息子たちは香料交易の経路に定住していた部族を表している。アブラハムはロトの伯父でもあるが、ロトはおかしなやり方で自分の娘たちと交わり、モアブ人とアンモン人の父祖になる（↓

ソドムとゴモラ〕。イサクはヤコブとエサウの父であるが、エサウはエドム人の祖先にあたる。純粋なイスラエル人の祖先にあたるのは、ヤコブだけである。というのも、ヤコブはイスラエルの十二部族を代表する十二人の息子たちの父親だからである。

族長物語の目的は、カナンの地で暮らす部族たちの大部分が血縁関係をもち、大家族を構成しているという点を示すことにある。三人の族長のうちで、実際に一夫多妻制をとっているのはヤコブだけである。ヤコブはレアとラケルの夫であり、同時に彼女たちの女奴隷とも交わる〔創二九・三一～三〇・二四、三五・二二～二四〕。ヤコブ物語は、アブラハム物語やイサク物語よりも古く、おそらくは一夫多妻制がより広く受け入れられていた状況を反映したものである。アブラハムは〔一夫多妻制と一夫一婦制との〕中間的立場にある。アブラハムは妻サラの願いを聞き入れ、彼女の女奴隷であるエジプト人ハガルを内妻として迎えるが、イサクの誕生後、彼はハガルを追放する〔創二一・一～一四〕。イサクにいたっては、完全に一夫一妻制をとっており、リベカ以外に妻をもっていない〔創二五・一九～二六〕。

族長の女性たちは、けっして消極的で従順な人物ではない。サラはアブラハムをそそのかして自分の女奴隷と交わるようにする〔創一六章〕。エサウよりヤコブのほうを愛していたリベカは、ヤコブが父をだますように策略をたくらむ〔創二七・一～一七〕。レアとラケルは、ヤコブが彼女たちのどちらと、あるいはどちらの女奴隷と夜を過ごすか決めるために、奇妙な競争を繰り広げる〔創二九・三一～三〇・二四〕。したがって、聖書に関する多くの入門書で掲げられる「族長たちの歴史」というタイトルは、誤っているのである。

ソドムとゴモラ（Sodome et Gomorrhe）

ソドムとゴモラの滅亡物語（創一九章）は、キリスト教会の同性愛批判において重要な役割を果たしている。これはキリスト教会がイデオロギー上の理由から——原初の罪*に関する教義と同じように——聖書のメッセージとは異なる解釈をおこなった例である。

そもそも、ソドムの滅亡物語（聖書物語は一方の町の滅亡しか語っていない）とは、なぜ死海周辺にはいかなる生物もおらず、不気味な景色が広がっているのかを説明しようとした、ひとつの起源説話にすぎない。当時の人びとは、この地方がもともと楽園的な場所であったと考えていた。だからこそロトは、アブラハム*と別れてから、この「ヤハウェの園」のような町に住み着いたのである（創一三・一〇～一三）。創一九章では、読者に向けて、この地方が荒れ果てた場所となった理由が語られており、語り手はロトのもてなしとソドムの住民たちを対比させている。ロト——彼もこの町では異国人にすぎない——は神の使者たちの正体を知らずに客人として迎え入れるが、ソドムの住民は彼らを強姦しようとする。ロトにとって、もてなしは非常に大切なものである。そのため、今日の読者にとっては衝撃的な提案であるが、彼は自分の娘までも町の住人に差し出そうとする。

そこで神*は、町に火をつけて滅ぼし、ロトの家族だけを脱出させる。このありさまを見ようとして振り返ったロトの妻は、塩の柱——死海周辺で見られる不思議な塩の堆積を表したもの——になり、ロトは二人の娘と取り残されてしまう。娘たちはロトに酒を飲ませ、父親との近親相姦により、イスラエル*東部の近隣民族であるアンモン人とモアブ人を産む。

創一九章を同性愛批判の物語として読むことは、まったく物語の主旨にそぐわない。町中に同性愛者が住んでいたということは考えにくい。この記述が非難しているのは、まずもてなしの欠けた態度、それから強姦であり、異性愛なのか同性愛なのかは問題ではない。

園（Jardin）

創世記*の第二章によると、最初の人間の創造*は園でおこなわれた。この園は神の所有地であり、エデン（「喜び」）またはエデンの園ともよばれる。この園について言及するさいに、しばしば「楽園」という表現が用いられる。この《paradis》（楽園）という語は、囲い地や、しばしば王領を意味するペルシア語*の〈パルデス〉に由来する。〈パルデス〉はギリシア語で〈パラデイソス〉となり、野生の動物や植物がたくさん生息する場所、閉じられた庭を意味した。この語は、旧約聖書がギリシア語に翻訳されたときに、ヘブライ語の〈ガン〉（園）にあたる訳語として用いられた。アダムとエバ*の物語における園は、こうして「楽園」となったのである。

旧約聖書の他の箇所でも、ヤハウェがエデンとよばれる園を所有していることが示されている。エゼキエル書*のある箇所（二八章）には、原初の人間が園から追放されたという別の逸話がある。また、創一三章では、滅亡前のソドムとゴモラ*の町が、まるでヤハウェの園に匹敵するかのように壮麗な様子で描かれている。

ヤハウェの園という発想は、メソポタミアやレバント地方で広く見られた実在の王宮庭園にもとづいている。とりわけ興味深いのは、アッシリア王センナケリブ〔在位前七〇五～前六八一〕による王宮庭園〔ニネべの空中庭園〕であり、そのレリーフは大英博物館で見ることができる。この庭園は丘の周囲に作られ、丘の頂上にはおそらく聖所*が（神あるいは王の像とともに）設けられていた。庭園は閉ざされた空間であり、そこに入れるのは王とその仲間たちだけであった。こうした構想は、創二～三章における園のイメージも想起させる。この物語が示すのは、人間は神の所有地で暮らすことができず、最終的にはそこを去らなければならない、ということである。旧約聖書には、原初の楽園への帰還という理想を語った箇所はない。男性たちも女性*たちも、みな園の外で暮らすように運命づけられているのだ。

ソロモン（Salomon）

旧約聖書におけるソロモン物語を読んだ者はみな、この人物のあいまいな言動に驚く。というのも、ソロモンは立派な裁きを下し（王上三・一六～二八）、あらゆる知識を挙げつくすことに専心し（王上五・九～一四）、優れた賢王として描かれている。彼はまた、もっとも裕福な人物でもあり、広大な王国を支配し（王上五・一）、世界の片隅の君主たちから感服されている（王上一〇章）。ソロモンはエルサレム*神殿の建設者として、父ダビデ*が果たすことのできなかった事業を成し遂げ、イスラエル*の神をまつる壮麗な聖所*をエルサレムに建立した（王上六〜八章）。

しかし同時に、王上一〜一一章には、こうした叙述に傷をつけるような描写がいくつか見られる。ソロモンの卑しい生まれについては言わないにしても（サム下一一〜一二章）、彼の権力掌握は策略と殺害による結果である（王上一〜二章）。この立派な王は、多くの外国の女たちを愛し（王上一一・一〜六）、エルサレムの外に礼拝所を設けた（王上一一・七〜一〇）という点で、申命記*の掟にそむいている。さらにソロモンは、民衆に労役を課したのであり（王上五・二七、しかしこれは王上九・二二と矛盾する）、「統一王国」の分裂に対する責任が彼にあるのは明らかである（王上一一・一一〜一三）。

こうしたあいまいな言動は、さまざまな作者ないしは編纂者*に由来するものである。最古のソロモン物語はアッシリア時代に書かれた。この物語の作者は、学問・芸術の愛好家であったアッシュルバニパルのような、偉大な王たちを模範にしてソロモンを作りあげた。エルサレム陥落後に、編纂者たちは王国の衰退に対する責任の一部をソロモンに負わせた。ところが、ペルシア時代に列王記（↓王）が修正されたとき、裁きに関する逸話（ここではソロモンの名前が出てこないため、もともとは別の逸話であった）とともに、シェバの女王の来訪に関する逸話が加えられ、ソロモンは『千夜一夜物語』に登場するような王となった。

ダビデ（David）

サムエル記*は、サウル、ダビデ、ソロモン*の三人の模範的人物をめぐる王国の起源を語っている。物語の多くは伝説にすぎないが、いくつかは歴史的回想をとどめている。イスラエル王国の起源は、地中海の島々から来たペリシテ人（聖書では「無割礼の者たち」と称されている）が、地中海沿岸だけでなく内陸地域にも進出した時代に位置づけられている。サウルはペリシテ人への抗戦に成功し、ベニヤミンの地とエフライムの山地に国家組織を作り、その指導者となる〔サム上一三～一四章〕。若きダビデは、とりわけペリシテ人の巨人ゴリアトを殺害したように、はじめはサウルの部下として描かれるが、やがてサウルのライバルとなる。聖書の作者によると、サウルはヤハウェから見捨てられ、彼に代わってダビデが選ばれる〔サム上一五章〕。こうしたダビデの台頭はサムエル記*において語られる。この書は、ダビデの妻となる娘ミカル、長子ヨナタンの二人が、サウルの子供であるのにダビデの味方となり、何度もダビデの命をねらう父サウルに対して、ダビデを守ろうとする様子を浮き彫りにしている〔サム上一八～二〇章、二三・一六～一八〕。サウルとヨナタンが殺害されると、ダビデは、まず南王国〔ユダ〕のヘブロンで王となり（サム下五章）、次に定住の都としてエルサレム*を選び、そこをダビデの町とする。ダビデはエルサレムに神殿を建てることはできないが、ヤハウェはダビデに対して、彼の王朝が永遠に続くことを約束している（サム下七章）。

列王記（→王）および歴代誌に記された王国の物語によれば、ユダの王たちはみなダビデの子孫とされている。ところがダビデ王朝は、エルサレム陥落とともに消滅、あるいは少なくとも中断してしまう。そのことから、永遠に続くはずだった王国の約束に関する効力が疑問視される。王国の復活、さらにはメシア*や新たなダビデの到来といった期待が生じる。

歴史的観点からダビデの人物像をとらえることは難しい。近年でもなお、ダビデに関する証言は聖書の他にひとつもない。一九九三年から、イスラエル*北部のダン〔イスラエル名はテル・ダン〕で碑文が発見されたことが知られているが、この碑文のなかで、前八世紀のアラム王が「ダビデ家」を打ち負かしたと豪語しているらしい。もしこの読解が正しいのであれば、ダビデは当時、ユダ王国の創始者とされていたという意味になる。

歴史上のダビデは、ユダ王国とその他いくつかの部族*の王として君臨する以前に、ペリシテ人に仕える傭兵であった。のちに彼は、とりわけゴリアトに対する勝利者として（サム上一七章）、その名誉を称えられる。ところが、サム下二一・一九では、この武勲は無名の人物エルハナンによる功績とされている。

知恵（Sagesse）

旧約聖書において、〈ホクマー〉（「知恵」）という語には、まず実用性や有益性といったニュアンスが含まれている。この名詞の起源にあたる語根は、巧みな職人（イザ四〇・二〇）を指すこともある。たとえば泣き女たちは、泣くことに熟練しているため、「知恵ある女たち」（エレ九・一六）ともよばれている。つまり、熟練した仕事はいずれも「知恵ある者」の仕事なのだ。同時にまた、聖書のいくつかの箇所において、「知恵ある者」は書記階級に属する特定の人たちを指していると思われる。したがって、知恵と記述行為とのあいだには、ある種の関係が存在するのである。

知恵文学、すなわち良き人生を教え諭すための文書群は、前三千年紀末ごろのエジプトとメソポタミア*で誕生した。この二つの地は文字文明の発祥地でもある。エジプトにおいて、知恵者の目的は、創造主である神が定めた自然や社会の秩序、すなわち〈マアト〉にしたがって生きることにあった。書記たちは〈マアト〉を、その名を表した象形文字、すなわちまっすぐな羽根を髪に飾った女性として描いた。羽根はもちろん書記の道具だけでなく、もろさや柔軟さも象徴している。ようするに、〈マアト〉は静止した秩序なのではない。知恵者は特定の状況に応じて、それぞれの〈マアト〉を把握して見きわめようと努めなければならないのだ。

旧約聖書の知恵は、とりわけ箴言に見いだされる。この書は、さまざまな知恵の巻物をまとめたものであり、最古の巻物は前八世紀のものとされる。なかには「秋になっても怠け者は耕さない。刈り入れ時に求めても何もない」〔箴二〇・四〕のように、観察から生まれた箴言もある。エジプトやメソポタミアと同じように、イスラエル*においても、「世俗的な」知恵が取りざたされることはない。というのも、旧約聖書の知恵は、創造主である神が天地の秩序を定めたという考えに結びついているからである。しかしながら、こうした考えは、人間を知恵者と愚者、善人と悪人というふうに二種類に分けて論じ、そうした論説を教義化させる危険性をもつ。たとえば、「災いは罪人を追いかけるが、正しき人は良い報いを受ける」（箴一三・二一）と主張する箴言がいくつかある。しかし、そのような教義はほぼ日常的に反証されている以上、ある人物の行動と人生の境遇に本質的な関係が見られるという考えに対しては、疑念を抱かざるをえない。そうした考えは、まずはヨブ記*において、そしてのちにコヘレトの言葉において、激しく批判された。コヘレトの言葉は、人間が各自の生き方によって運命を操ることができるとする考えを、徹底的に検討し直している。

罪（Péché）

旧約聖書の翻訳*において「罪」と訳される二つのヘブライ語名詞（〈ハッタート〉と〈アーウォーン〉）は、違反、誤り、咎《とが》といった考えを表している。聖書の思想によれば、個人ないしは集団が犯した罪は、伝染力をもっている。そのため、罪を正すための手段が必要となる。

レビ記*には、「罪のためのいけにえ*」に関する多くの規定が記されている（レビ四～五章）。このいけにえは、血の儀式によって罪を共同体から追い払うことを目的としている。われわれは故意に罪を犯すこともあれば、無意識的に罪を犯すこともある。しかし、いずれの場合にも、罪は神*と罪人との関係だけでなく、神と共同体との関係までも揺るがす。罪を取り除くための典型的な儀式は、贖罪の山羊*とよばれる儀式である。

その一方で、聖書には、罪を取り除くためのいけにえに批判的な態度を示した記述も含まれている。「あなたは焼き尽くすいけにえも、清めのいけにえも求めなかった」（詩四〇・七）。このような記述は、表面的な儀式の理解に反対するとともに行動の変化を説いている。

キリスト教的な解釈とは異なり、アダムとエバ*が神の掟を最初に破った物語は、「原罪」にはあたらない。旧約聖書には、いかなる人間も生まれながら罪人であるという思想はない。とはいえ、個人の罪が後世の人たちに影響を及ぼしうることを述べた箇所もある。十戒*において、ヤハウェは父の罪を三代目の子孫、さらには四代目の子孫にまで報いる者とされている（出二〇・五）。こうした考えを批判するかたちで、個人の責任を説いた箇所もある（申二四・一六）。これら二つの考え方は、必ずしも矛盾しているわけではない。個人の罪であれ、集団の罪であれ、どんな罪も未来の世代に影響を及ぼしうるが、それと同時に、人はそれぞれ自分の行動に対して責任をもたなければならないのだ。

ディアスポラ（Diaspora）

ディアスポラというギリシア語は「離散」を意味する。この語は、まずは肥沃な三日月地帯*にわたって分散し、のちに地中海内陸にわたって分散した共同体によって、ユダヤ教*が成立したことを示している。ペルシア人*は、前五三九年にバビロニア帝国を滅ぼしたのち、捕囚民に対して祖国へ戻ることを許可した。しかしながら、バビロン*に連行され、あるいはエジプト*に逃れた多くのユダヤ人は、しばしば経済的な事情から、むしろ捕囚*や逃亡の地にとどまることを望んだ。そのため、亡命は長きにわたる離散状態へと変わった。こうした亡命からディアスポラへの変化は、列王記下（↓王）の最後の逸話に見られる。この逸話では、捕囚となっていた王〔ヨヤキン〕がバビロンの牢獄から釈放されると、新しい衣服に着替えさせられ、バビロニア王に次ぐ第二の高位を授けられる（王下二五・二七〜三〇）。

列王記下の後半のシナリオは、ダニエル書の前半部分（ダニ一〜六章）とエステル記*に、そしてヨセフ物語（創三七〜五〇章）にも、より発展したかたちで存在する。これら三つの物語は、離散状態における生活を正当化した「ディアスポラの物語」であり、亡命地での同化や出世が充分に可能であるということを示している。たとえばヨセフは、通訳や経済政策の手腕を買われて牢獄から釈放され、ファラオの宰相となり、エジプト人女性と結婚したのち、兄弟たちと父親を救う。

したがってユダヤ教は、その発祥からすでに、ディアスポラの宗教として形成されたのである。ユダヤ教が結束を見いだすことができたのは、トーラー、すなわち五書*のおかげであるが、この書は、ローマ、アレクサンドリア、エルサレム*、バビロニアの諸都市など、あらゆる場所のシナゴーグで朗読されていた。このようにして五書は、ハインリヒ・ハイネの巧みな表現によれば、離散したユダヤ教徒にとっての「持ち運びのできる祖国」となったのである。

天（Ciel）

旧約聖書の作者たちは、古代中近東の人たちと同じ宇宙観を抱いていた。彼らの考えでは、地は平面をなし、水に取り囲まれた大空によって守られている、とされていた。たとえば、聖書の最初の物語によると、大空の上の水と大空の下の水が分けられたのちに、地が現れる（創一・六〜一〇）。地が人間の場所であるのに対して、天（ヘブライ語で複数形）は大空の上にあるがゆえに、それは神々の領域であり、太陽、月、星といった天体の領域でもある。聖書は天に関する明確な記述をおこなっていない。聖書には天に関するさまざまな描写があるが、どれもたがいに両立しあうものではない。天はヤハウェが雨や雪を送り出す場所である。ある記述では、天はいくつもの部屋をもった大邸宅のようなものとされ、神*はそこに風や雹《ひょう》や、その他の大気現象を保管している、と考えられている（ヨブ三八・二二）。天は多くの場合、神が軍隊や廷臣たちとともに住まう住居とされている。

神は、地上の出来事を見るために天から「降りて行き」（創一八・二〇〜二一）、あるいは天から人間たちを見下ろす（詩五三・三）。天と地との結びつきは、聖所*において実現される。そのことは創二八章におけるベテル聖所の建立物語で描かれている。ヤコブ*はベテルにおいて、神の使者たちが天に通じる階段を昇り降りしている夢を見る。さらに天の扉は、青銅の二つの山によって象徴されることもある（ゼカ六・一）。預言者イザヤ*は、玉座に座ったヤハウェが、翼のついたセラフィムに囲まれている幻を見る（イザ六・一〜二）。モーセ*、アロン、アロンの息子たち、およびイスラエルの七十人の長老たちが天空で見たヤハウェの幻は、神の両足の下に「ラピスラズリの敷石のようなもの」があったとしているが（出二四・一〇）、これは天が大空の水の上にあるという考えを思い起こさせる。

ヤハウェはペルシア時代から、その絶対的な権威を表すために「天の神」と称された。この時代の記述には、天をヤハウェの住居とする考えを批判したようなものもある。ソロモン*は神殿の建設にあたって、天の天はイスラエル*の神を入れる〔住まわせる〕ことはできない、と声高に述べている（王上八・二七）。ユダヤ教*が神名を唱えるのを避けたときから、「天」はイスラエルの神に対する比喩として用いられたのであろう（申四・二三）。

天使（Ange）

「天使」という語を聞けば、翼をもち、天*に住んで人間を守る存在を想像するかもしれない。この語はギリシア語の〈アンゲロス〉を介して、使者や伝達役を指すヘブライ語の〈マルアーク〉を訳したものである。伝達役としての人間を指すこともあれば、神から遣わされた使者を指すこともある。聖書のいくつかの箇所では、〈マルアーク〉が神々の世界と人間の世界をとりもつ中間的存在として描かれている（このような存在は、住居や宮殿などの守護神と同じように、アッシリアおよびバビロニアの宗教において広く見受けられた）。

ヤハウェの天使はしばしば人間の姿をして現れるため、それが神の使者であることは、あとになってからでないと判明しない。その顕著な例として、サラの女奴隷であるハガルが、荒野に逃れたときにヤハウェの使者と出会う場面がある。ハガルはこの使者が自分と同じように泉のほとりに立ちどまった旅人だと思いこむ（創一六章）。彼女は、息子イシュマエル*の誕生と彼の稀有な運命を告げられたとき、ようやく自分がこの使者を介して神*とかかわっていたことに気づく。ちなみに、このシナリオは「ルカによる福音書」の作者にも着想を与えており、この記述に倣《なら》うかたちでイエスの誕生がマリアに告げられる。

またあるときには、ヤハウェの使者がヤハウェ自身と一体化していることもある。たとえば、出三章の物語では、まずヤハウェの使者が燃える柴からモーセ*に話しかけ、次にヤハウェ自身が語り続ける。三人の男がアブラハム*を訪れる逸話（創一八章）は、当時の人たちが古代ギリシア人と同じように、神々は人間の姿をしてひそかにさまようと考えていたことを示している。

動物（Animaux）

旧約聖書は人間と動物とのあいだに大きな類縁関係があることを説いている。たとえば、創一章において創造*を語った第一の物語では、地上の動物たちが男女の人間と同じ日に造られる。創二章において人間の起源を語った第二の物語（→アダムとエバ）では、神*は最初の人間を孤独感から守るために、まず動物たちを造る。この記述は、動物たちは人間にとって「対等のパートナー」となりえないと知りつつも、神がそれらを人間と同じやり方で創造したことを示している。

動物たちとの親密な共生関係を明らかにした記述もある。たとえば、預言者ナタンのたとえ話（サム下一二章）は、ある町の貧しい人が一匹の雌の子羊のほかに何ももたず、子羊は彼と同じものを食べ、同じ杯から飲むという話である。こうした人間と家畜との親密な間柄は、旧約聖書の多くのテクストが誕生した社会的背景を反映している。

したがって、動物を殺すということは、それ自体で成り立つ行為ではなく、大切なものを犠牲にするという行為でなければならない。それがいけにえ*の役割のひとつである。洪水*の物語〔創六〜八章〕において、ノアは、捧げ物にならない汚《けが》れた動物よりも多くの（捧げ物にふさわしい）清い動物を箱舟に乗せることを命じられる（↓清さと汚れ）。

人間と動物とのあいだに大きな類縁関係があることから、旧約聖書には、人間よりも利口な動物を登場させた物語もある。その例が、モアブの地（ヨルダンの西部）の預言者バラムと雌ろばの逸話である。ろばはバラムとは対照的に、ヤハウェの使者が道をふさぐのを見て前に進むのを拒んだ。ろばが何度も〔杖で〕打たれてからバラムに語りだすと、ようやく彼は天使*の存在に気づく（民二二章）。ろばヤハウェが野生動物を用いて罪を罰することとある。たとえば、ヤハウェの命令にそむいた神の人〔預言者〕をライオンが殺した話（王上一三章）や、預言者〔エリシャ〕のはげ頭をからかった子供たちを二頭の熊が引き裂いた話（王下二・二三〜二五）などである。神がヨブ*に向かって長々と列挙した一連の動物たち（ヨブ三八・三九〜三九・三〇）は、人間が支配することのできない獣たちであり、これらの動物は、創造に対してあまりに人間中心的な見解を抱いてはならぬことを、ヨブに示すものである。

人間にとっては「役に立たない」、しかも危険な動物でさえ、この世界の均衡に寄与しているという点で、大きな地位が与えられている。

土地（Pays）

イスラエル*の地、あるいはヤハウェが民に約束した土地は、旧約聖書において重要な役割を果たしている。今日にいたるまで、そうした記述のいくつかは、イスラエルがパレスチナ人に対抗して土地取得の権利を正当化するために、ある人たちのあいだで利用されてきた。しかしながら、土地や約束の地に関する旧約聖書の発言は、より複雑なものである。

五書*には、土地の約束あるいは授与を記した二つのテクストがある。ヤハウェは族長*たちに対して、彼らの「種」（子孫）と同じように土地を与える、と語っている〔創二六・三〜四〕。この子孫に対する贈与がのちのイスラエルとなる血族だけにかかわるとは、どこにも記されていない。〔アラブ人の父祖とされる〕イシュマエル*は、アブラハム*の子孫であるとともに、イサクの子孫でもある。祭司*階級によって記された創一七章では、土地は〈アフザー〉としてアブラハムに与えられるとされ、この語はしばしば「所有〔地〕」と訳されている。この考えは、別の祭司資料でヤハウェが「土地は私のものであり、あなたがたは私のもとにいる寄留者か滞在者にすぎない」（レビ二五・二三）と語る考えと一致している。

土地に関する別の約束は、出エジプト記*の伝承において明らかになる〔出二三・二〇〜三三〕。この約束は、ヨシュア記*で語られているように〔ヨシュ一〜一二章〕、先住民の追放をともなう。約束された土地の境界については、ごく稀にしか定められていない。申命記*とヨシュア記によれば、東の境界はヨルダン川であり、イスラエルは土地に入るためにヨルダン川を渡ったとされている。しかし、これは象徴的な境界にすぎない。というのも歴史的には、イスラエルはヨルダン川の東岸にも広がっていたからである。土地はしばしば「カナン」とよばれる。この語はエジプト*やメソポタミアの文書にも確認されるが、聖書においてカナンとは、アラム人の居住地および死海近辺を除いたレバント地方の大部分を指す。

土地取得に対する疑問が生じたのは、捕囚*の経験後のことである。多くの預言書が土地への帰還を予告しているが、実際のユダヤ教は、やがてペルシア時代末期にかけて生じたように、ディアスポラ*の宗教として成立することになる。

人間のありさま（Condition humaine）

人間のありさまをめぐる考察は、旧約聖書の作者にとって大きな関心事のひとつである。人類最初の夫婦が堕罪して園*から追放されたという逸話〔創三章〕は、キリスト教的な観点からは、しばしば「原初の罪*」の物語として理解されてきた。しかし、これは何よりもまず、男と女が園を離れることの必要性を説明した寓話なのだ。人間の歴史と主体性が成り立つには、人間の空間と神の空間が切り離されなければならない。しかも、この〔人間による〕違反の原因は神自身*にある。というのも、神が禁止の掟を定めたうえで、扇動者として蛇を送りつけたからだ。男と女が掟を破って禁断の木を食べることができるという状態は、人間の自由意志を示している。すなわち、人間はロボットのように造られたのではなく、神の意志に逆らう能力を与えられているのである。しかしまた、こうした〔人間の〕主体性は完全なものではない。なぜならば、神自身が人間を過ちにおとしいれたとも考えられるからだ。木の実を食べて獲得した新たな知識は、自分たちが裸であるという自覚を男女にもたらした。彼らはまさにこのことによって、自分たちの性愛が動物*たちの性愛と異なることに気づいた。そして、こうした自覚が人間を動物から引き離したのである。

実のところ、神が男女に対して宣告した罰は、この逸話が書かれた時代の農民、すなわち前七世紀から前六世紀にかけての人間のありさまを反映している。その当時、数々の捕食動物が人びと〔の生命〕や労働をおびやかし、難産はしばしば母親や新生児に死をもたらし、女性は男性に服従し、農作業は過酷なものであり、死〔の危険〕を逃れることはできなかった。他には人生の短さを嘆いた箇所もある。詩九〇編によると、人間の寿命はまれに八十歳に達することがあるとしても、吐息のように短いものである。

人間のありさまはコヘレトの言葉〔伝道者の書〕において省察の中核をなしている。この書はソロモン*による著作とされているが、前三世紀に書かれた。コヘレトの言葉の作者は、みずからの民の宗教的伝承に賛同することができず、それらに異議を唱える。彼はとりわけ、正しき者が神によって報われ、悪しき者が罰せられるという伝統的な因果応報説に反対する。ギリシア的な楽観主義に対抗すべく、コヘレトは人間の有限性を説き、進歩という観念に反対する。「太陽の下、新しいことは何ひとつない」（一・九）。とはいえ、たとえ神の業を知ることができないとしても、人間は失意に陥るのではなく、神が与えてくれる「分け前」を受けとり、人生を楽しむべきなのである。「現在を楽しめ」（Carpe diem）という思想（九・七〜九）は、コヘレトの言葉より千年も古い『ギルガメシュ叙事詩』（第十書板）の一節にあたるほぼ同一の並行箇所において、すでに見られる。人間のありさまに関する考察は、明らかに太古の昔からなされていたのである。

バアル（Baal）

バアル神は、旧約聖書において、イスラエル*の神に対する最大の敵として登場する。ある有名な逸話では、多くのバアルの預言者たちと預言者エリヤとの争いが語られている（王上一八章）。バアルの預言者たちは、恍惚状態に入ってあらゆる祈りを試みるが、自分たちの神を呼び出すことができなかった。それに対して、エリヤの祭壇では、たった一度の祈りだけで、ヤハウェの力のしるしである火が降りてきた。この激しい対決は、エリヤがバアルの預言者たちの殺害を命じることで終結する。王上一八章の物語は、きわめて小説風に脚色されているが、おそらくは前九世紀に起こった争いを反映している。この争いでは、イスラエル王アハブと――彼の妻でフェニキア出身である――イゼベルの支持者たちが、ヤハウェ神の支持者たちと衝突した。アハブ王とイゼベルは、王朝〔オムリ朝〕の神としてフェニキア神〔バアルの崇拝〕を強制しようとしていた。それに対して、ヤハウェ神の支持者たちは、首都サマリア*の外で多く暮らしていたとされる。

とはいえ「バアル」は、もともと固有名詞ではなかった。この語は「主人」や「所有者」を意味する普通名詞であり、人間だけでなく、神々に用いられることもあった。なかでも「バアル」が嵐の神に与えられる称号となったことは、とりわけウガリット〔シリア海岸のラス・シャムラにあった古代都市〕で出土した神話文書に示されるとおりである。この神話文書では、おそらくハダドという名であった嵐の神が、ほとんどつねに「バアル」と称されていることから、この神の人気の高さが示されている。旧約聖書におけるヤハウェとバアルの暴力*に満ちた抗争は、ヤハウェも元来は「バアル」のひとつであり、嵐の神であったという点から理解できる。したがって、二つの神は同じ役割を担っていたために、共存することが不可能になったのである。歴史的な面からみると、ヤハウェが最終的にイスラエルの「主神《バアル》」となったのは、イエフ〔前八四二～前八一四、イスラエル王国の王〕のクーデター〔前八四〇年ごろ〕がアハブ王家を滅亡させた後のことである。

バビロン、バビロニア人（Babylone, Babyloniens）

バビロニア人たちは、前七世紀末から三四半世紀のあいだ、中近東における新たな支配者となった。そしてユダ王国は、他の小国と同じように、バビロンの王の支配下に置かれた。

前五九七年、ある反乱をきっかけに、バビロニア人たちはエルサレム*に侵攻した。〔ユダ王国の〕若き王ヨヤキンは、開城降伏して被害を防いだ。しかしながら、バビロニア人たちはエルサレムの多くの住民たち、とりわけ富裕層を、王家一族とともに連行した。これがバビロン捕囚*のはじまりである。それから十年後に、ユダ王国の王というよりは総督にあたるゼデキヤが、新たに反乱を起こすと、バビロニア人たちはエルサレムの都市と神殿を破壊し、二回目の捕囚をおこなった（王下二四～二五章）。エレミヤ書*によれば、三回目の捕囚はそれから五年後の前五八二年、総督ゲダルヤの暗殺に続いて起こったとされる（エレ五二章）。

バビロニア人たちは、捕囚民が集団で暮らすのを許可し、彼らをいくつもの「集団居住地」に住まわせた。バビロニアに住むユダヤ人は、初期ユダヤ教*の文化的・宗教的・経済的活動に多大な影響を与え、それはイスラム教が出現するまで続いた。実際に、律法*の正しい解釈をめぐるユダヤ人学者たちの議論をまとめたバビロニア・タルムードは、エルサレム〔別名パレスチナ〕・タルムードよりも重要な文書とされている。創世記*において、アブラハム*の家族の出身地を「カルデア人（バビロニア人）のウル」〔創一一・三一〕としているのも、バビロニアに住むユダヤ人の重要性を示すためである。

旧約聖書で描かれるバビロニア人たちは、あいまいな様相を呈している。彼らはユダ王国を滅ぼしたことで、多くの預言者から非難されている。その一方で、列王記下（↓王）の作者はバビロニア人たちを、神の掟を守らなかった民族や王に対して、ヤハウェが間接的に罰を与えるための道具とみなしている。エレミヤ書のマソラ（↓マソラ学者）、すなわちヘブライ語本文は、バビロニア王ネブカドネツァル〔在位前六〇四～前五六二〕に対してさえ、「ヤハウェの僕《しもべ》」〔エレ二五・九、二七・六、四三・一〇〕という称号を与えている。実際に、バビロニア人たちが引き起こしたユダ王国の滅亡なくしては、ユダヤ教はおそらく日の目を見なかったであろう。

バベルの塔（Tour de Babel）

バベルの塔の物語（創一一・一～九）は「作り上げられた神話」である。これは古くからの伝承ではなく、複数の知識人による作り話であり、さまざまな役割をもっている。

この記述はまず、人間の言語および文明の多様性を説明しようとしたものである。物語の冒頭において、人類はひとつに結ばれ、たったひとつの言語を話していた。人類が天に届こうとして塔を建てたことから、ヤハウェは人びとが相互に理解できなくなるようにした。この物語はまた、メソポタミアの有名なジッグラト（「高層建築物」）に対する批判にもなっている。これらの建築物は、バビロン*に連行されたユダ王国の書記たちを驚かせたにちがいない。もっとも有名なジッグラトは、アッシリア王センナケリブの年代記に記されているエサギラ神殿（「頭をもち上げた神殿」）である。エサギラ神殿は、センナケリブによって前六八九年に破壊されたが、のちにバビロニア王ネブカドネツァルが再建を果たした。どうやら聖書の作者は、この神殿が一度破壊されたことを知っているようだ。そのため記述には反バビロニア的な意図が含まれている。このことは、とりわけ物語の最後にバベルの地名が「混乱させる」という意味の動詞によって説明されている点からも明らかである。

この物語はまた、創三章における園の追放*の物語を読者に思い起こさせる。この二つの物語では、人間が神のような存在になりかねない、というヤハウェの危惧が表現されている。創三章では、人間たちに他の生存空間を与えることにより、この危険が回避されていた。創一一章では、人間たちとヤハウェはもはや共存していない。ここで問題となるのは、人間たちが技術の進歩によって神*のライバルになりうる、という点である。したがって、言語の多様性や民族の分化は、人間たちを「本来の地位」に戻すことを目的とした、神の行為なのである。

肥沃な三日月地帯 (Croissant fertile)

この用語は、エジプト学者のジェームズ・ブレステッド〔一八六五～一九三五〕が二十世紀初頭に作ったものであり、ティグリス川・ユーフラテス川の周辺とレバント地方を含んだ、メソポタミア（現在のイラクとイラン）からエジプト*にいたるまでの、豊かな水源（雨や河川）と肥沃な土壌に恵まれた地帯を指している。というのも、この地帯は、少し想像力をはたらかせてみれば、半月や三日月のような形状にも見えるからである。この地帯全域では、さまざまな地方や国々が、経済や文化だけでなく、軍事の面でも接触し続けたことにより、数々の伝承や聖書の記述に大きな影響をもたらした。その典型的な例が、前三千年紀末のウルク市（現在のワルカ）を起源とする『ギルガメシュ叙事詩』の伝播である。この叙事詩の断片や図像的資料までもが、肥沃な三日月地帯にそって発見されている。『ギルガメシュ叙事詩』がイスラエル*とユダ王国にも知られ、聖書の数々の物語に着想を与えたということは、きわめて明白である（ダビデ*とヨナタンの関係は、ギルガメシュと友人エンキドゥの関係を思い起こさせずにはいられない）。

したがって肥沃な三日月地帯の全域が、いずれにせよ旧約聖書の成立*に寄与したのである。こうした事実はアブラハム*の物語で語られている。アブラハムの家族はバビロニアのウルの出身とされている。彼らがシリアのハランに移り住むと、アブラハムはそこで、カナンの地に行くことを神から命じられる。アブラハムはカナンの北部（シェケム）から南部へと進み、そこからエジプトに向かう（創一二章）。この試練の旅がたどる領域は、やがてペルシア時代にユダヤ教*が生じた地理的空間（エジプト、カナン、シリア、バビロニアにはユダヤ教の共同体が存在した）だけではなく、旧約聖書の記述に影響をもたらした数々の文明や領土にも及んでいる。

部族（Tribus）

イスラエル*の民は、聖書の物語において、十二部族からなるとされている。一般的に、この十二部族の名称は、ヤコブ*が四人の妻と別々にもうけた十二人の息子の名前と一致する〔創二九〜三〇章〕。この女性*たちは、さまざまな部族連合がのちにイスラエルの名のもとに集結したという歴史的記憶を反映したものであろう。しかしながら、イスラエルが十二部族からなるという考えは、後世の神学的産物であることは明らかだ。二つの異なる部族リストの存在が、そのことをはっきりと示している。祭司部族であるレビは、いくつかの部族リストに含まれていない〔たとえば民二六章〕。その理由は、ある記述〔たとえばヨシュ一三・一四および三三〕によれば、レビが相続地を取得することができないからである。部族の数を十二とするために、〔レビ族と〕「ヨセフ」族に代わってエフライムとマナセが加えられる。創四一・五〇〜五二によれば、エフライムとマナセはヨセフの二人の息子であり、エジプト*の生まれとされている。

エフライムやユダのように、いくつかの部族名は地名に由来している。こうした地名が部族名となり、十二という象徴的な数字ができたのだ。申命記*などのいくつかの書では、イスラエルが複数の部族からなるという考えは、ほとんど役割を果たさない。それに対して、民数記*に記された二度の人口調査〔民一章および二六章〕では、十二部族の数字的な大小に対する明らかな関心が見られる。

ヤコブ〔創四九章〕とモーセ*〔申三三章〕によって語られる、二つの「部族の詞」が存在する。この二つの箇所は、一二人のイスラエルの創始者、ヤコブとモーセを並列するために、後世において五書*の第一書と最終書に挿入された。この二つの箇所では、ユダとヨセフに対する非常に肯定的な発言が見られ、おそらく彼らは南〔ユダ〕と北〔イスラエル〕の二王国を象徴している。ユダとヨセフはイスラエル民族の復興に対する希望を表しているようである。

ぶどう酒（Vin）

ぶどう酒は聖書において重要な役割を果たしている。今日にいたるまで、イスラエル*王国の肥沃な地域は、ユダ王国以上にぶどう栽培に適していた。また、カルメル山〔イスラエル北部に所在する丘陵地〕という名称は、ヘブライ語で「エル〔神〕のぶどう園」を意味する。

ぶどう酒は聖書において人間の発明品とされているが、古代ギリシア*では神々の賜物であった。聖書はノアを最初のぶどう栽培者としている（創九・二〇～二七）。洪水の後、ノアはぶどうの木を植えると、すぐに酩酊状態を経験する。というのも彼は、息子の一人であるハムに裸の姿を見られるほど自制心を失くしてしまうからである。そのせいで家族の結びつきが乱され、息子〔カナン〕は呪われることになる（↓祝福と呪い）。同じような物語が創一九章にも見られるが、そこではロトの娘たちが父親と関係を結ぶために、彼に酒を飲ませて酔わせる（↓ソドムとゴモラ）。

実のところ、ぶどう酒の飲み過ぎに警告を与えている箇所はいくつもある〔箴二〇・一、二一・一七、ハバ二・五など〕。それにもかかわらず、ぶどう酒は聖書の多くの箇所において、人の心を喜ばせ（詩一〇四・一五）、捧げ物や贈り物に役立ちうるものとして、高く評価されている。祭司*集団をはじめとするいくつかの集団は、特定の状況において、ぶどう酒を飲むことを控えるように命じられている〔レビ一〇・九〕。

ぶどう酒はまた、神の裁きの比喩にもなりうる。たとえばエレ二五章では、諸国民は神の怒りに満たされたぶどう酒を飲まなければならないだろう、と記されており、諸国民に対するヤハウェの裁き*が比喩的表現を通して告げられている。

ヘブライ人（Hébreu）

「ヘブライ人」という語は、旧約聖書において、イスラエル人ないしはユダヤ人、さらにはユダヤ教徒に対する古い呼称として登場する。ヨセフ物語（創三七〜五〇章）、出エジプト*の物語（出一〜一五章）、サムエル*記上における大部分の箇所で、「ヘブライ人」という語は、他の民族がイスラエル人を指すときや、イスラエル人が他の民族を前にして自分たちを示すときに用いられている。この語は紀元前数世紀ごろに、意図的に古い部族を指すための呼称として広まり、やがてラビたちの文献や新約聖書においても用いられるようになる。

おそらく〈イブリー〉〈ヘブライ〉という語は、エジプト*やレバント地方、メソポタミアを起源とするアッカド語文書に記された〈アピル〉ないしは〈ハビル〉と関係があるのかもしれない。この

〈アピル〉ないしは〈ハビル〉とは、前二千年紀に用いられたアッカド語の名称であり、古代中近東やエジプトに存在した社会のはぐれ者たちを侮蔑的に称したもの（「埃《ほこり》だらけの連中」の意味か?）である。この名称は民族名というよりも、むしろ社会階層のひとつであり、エジプト人たちはこの名称によって、イスラエル*という名でのちに集結することになる集団を呼びあらわしたのであろう。

旧約聖書における「最初のヘブライ人」は、アブラハム*である（創一四・一三）。ペルシア時代の推測によると、アブラハムはセムの子孫エベル（創一〇・二四）の末裔とされている。おそらく聖書の作者は、ヘブライ語で「渡る」を意味する語根〔アーバル〕に結びつけて考えたのであろう。というのもアブラハムは、メソポタミアから約束の土地*まで渡り歩いた最初のヘブライ人であるからだ。やがてヘブライ人たちはヨルダン川を渡り（ヨシュ三～四章）、彼らも約束の地に入ることになる。

ペルシア人（Perses）

旧約聖書の書は熱烈な「ペルシアびいき」を特徴としている。聖書では、エジプト人、アッシリア人、バビロニア人がしばしば批判されたり、非難されたりするのとは対照的に、アケメネス朝を敵視した託宣はほとんど含まれていない。ペルシア帝国で生活していたユダヤ人の重大な危機を語ったエステル*記でさえも、ペルシア王〔アハシュエロス〕を非難していない。ペルシア王は、側近のハマンに騙されていたことを知ると、王はハマンを処刑し、ただちにユダヤ人を支持する。

ペルシア人の到来は、旧約聖書の多くの箇所において、救いの時のはじまりとされている（→裁きと救い）。キュロス王はメシア*、あるいはヤハウェの僕《しもべ》とよばれる。エズラ*記では、エズラはペルシア王の許可により、エルサレムで律法*、おそらく五書*を読み聞かせる。ヘブライ語聖書の多くの写本では、ヤハウェがユダヤ人をエルサレムに上京させるよう、神殿の再建築をキュロス王に任せた、という王自身の発言が最後に記されている（代下三六・二三）。ペルシア人に対するこうした肯定的なイメージは、おそらくアケメネス朝の比較的寛容な宗教政策によるものかもしれない。アケメネス朝は、帝国に同化した民族に対しては、忠実な臣民としてふるまうという条件の下で、彼らに一定の自治権を与えていたのである。

ペルシアの宗教（ゾロアスター教）に見られる思想のいくつかは、のちに誕生するユダヤ教*にも影響を与えたのかもしれない。とりわけ善悪二元論的な世界観がその例であろう。それに対して、ゾロアスターによる宗教改革については、いまだに年代が定かではなく、ペルシア時代のユダヤ人がこの改革を知っていたという確証はどこにもない。

編纂者（Rédacteurs）

旧約聖書のうちで一度に書かれた書はほとんどない。いずれの書も、長い歴史にわたる伝承と修正の産物である。のちに聖書本文となるテクストは、パピルスや羊皮紙や犢皮紙《とくひし》の巻物に書き記されていたが、これらの耐用年数は限られていたため、テクストの内容を新たな巻物に転写しなければならなかった。転写がなされるたびに、文面が削除され、あるいは修正が加えられることもあった。こうした修正は、書記とよばれる編纂者たちの仕事であった。書記たちは特定の巻物に携わり、新たな政治・神学的状況を考慮しつつ、テクストを加筆して伝承していた。たとえば預言者アモスの書は、最初はイスラエル民*の終わりを告げる書として伝承された（アモ八章）。ユダ王国の滅亡という大惨事が起きたのち、編纂者はアモス書の巻物に最後の文面を書き加え、ヤハウェがイスラエルの敵たちを罰し、ダビデ王朝を民とともに復興させるであろう、と主張した（アモ九章）。

前七世紀に書かれた最初の申命記*は、「他の神々」を拝めることを読者に戒めているが、神々の存在については問題にしていない。この巻物をペルシア時代に再編纂した編纂者は、とりわけ四章を差し挟むことで、ヤハウェこそが唯一の神であり、その他の神々は存在しないという点を力説した（三九節）。編纂者たちには、伝承されたテクストを改竄しようという考えは少しもない。彼らの関心事は、テクストが新たな文脈に対応するよう、アップデートすることなのだ。

暴力（Violence）

暴力は数々の聖書物語において色濃く存在している。しかも、現代の読者にとっては憤慨すべきことに思われるかもしれないが、神*がしばしば暴力に直接的にかかわっている。

聖書には、暴力の起源に関するひとつの神話*が含まれている。すなわち、カインとアベルの物語（創四章）である。もちろん実際にあった物語ではけっしてないが、ある意味では毎日起きている物語だ。カインとアベルは、人類最初の夫婦であるアダムとエバ*から生まれた双子の兄弟である。カインは農夫で、アベルは羊飼いであった。二人の兄弟は神に捧げ物をするが、神はアベルの捧げ物のほうに目を向け、カインの捧げ物を無視する。神が一方の捧げ物だけを選んだ理由について、聖書は何も語っていない。この兄弟の身に起きた出来事の背後には、人間が日常的に体験することが隠れている。すなわち、人生とは「必然的な」ものでも、「正しい」ものでもなく、つねに予測不可能なものであり、人生は必ずしも説明できるとは限らない数々の不公平で成り立つ、ということだ。

神は創四章において、どんな人間も人生で味わうはずのそうした体験に、カインを直面させている。そして五節によると、暴力は、カインが不公平を受け入れられないことに由来している。とはいえ、二人に対する扱いに違いがあるからといって、神がカインという人間を拒んだという意味にはならない。なぜなら、神はカインに話しかけるからである。神はカインに対して父親のように語りかけ、けっして罪*に身をゆだねてはならない、と彼に説く。神はカインに話しかけたが、カインはどうしても弟アベルに話しかけられない。八節は「カインは弟アベルに声をかけ」という文で始まるが、ヘブライ語のテクストでは、それに続くカインの発言が記されていない。ギリシア語訳聖書では、「さあ、野原へ行こう」という発言が加えられている。この発言の欠如については、とにかく重視すべきである。おそらく語り手が伝えようとしたのは、神の勧告に続いてカインが弟に話しかけようとしたが、結局のところ話しかけることができなかった、ということだろう。人類最初の殺人と暴力の発生は、意思の疎通ができないという状況と関連しているのである。とはいえ、殺人者カインには前途が開けている。というのも神は、この殺人者が誰からも殺されることのないよう、カインにしるしをつけるからである〔創四・一五〕。

カインは町を建設する。彼はいわば文明の開祖なのである。カインの子孫たちは、人類のさまざまな芸術や技術の発明の起源にあたる。したがって暴力は進歩も文明も妨げないのだ。おそらく考察をさらに進めて、文明は暴力なしで存在しうるのかという疑問を提起すべきであろう。創四章は文化を非難しているのではない。むしろ文化は暴力の上手なコントロールから生じる、ということを表しているのだ。

捕囚（Exil）

バビロン捕囚についてはとくに有名であるが、イスラエル人とユダヤ人は、捕囚の時代をいくつも体験してきた。住民を移住させるという行為は、中近東ではすでに前三千年紀から認められるが、それを最初に慣行としたのはアッシリア人である。住民に対する強制移住は、アッシリアの軍事・政治的政策の一部をなしていた。強制移住は、条約違反者に対する懲罰として定められていたが、それとは別の政治的機能も果たしていた。すなわちアッシリア人は、強制移住させた住民の場所に他民族を入植させることで、併合した領土を上手に管理していたのである。アッシリア人が入植させた集団は、土地*に残った住民からはアッシリア当局の一部と見なされていた。そのため、これらの捕囚民はアッシリア人に協力する以外に選択の余地がほとんどなかった。

聖書の物語（王下一七章）やアッシリア文書が伝えるところによれば、前七二二年のサマリア*陥落のあと、アッシリア王サルゴンはサマリアの一部の住民を連れ去り、ふたたび都市を築いた。連れ去られた住民の行方については、確かな情報がない。したがって、この出来事が「失われた十部族*」に関するあらゆる憶測を生みだしたのも、驚くにあたらない。アッシリア人は、連れ去ったイスラエル人の代わりに、他民族をサマリアに移住させた。こうした民族的融合は、「サマリア人」（↓サマリア）という軽蔑的な呼称の起源となるものであり、やがてユダヤ人は彼らを宗教的折衷主義の実践者と見なすことになる。

アッシリア人は、前七〇一年にユダ王国と戦ってラキシュを包囲したときにも、捕囚を企てた。バビロニア人は、征服した住民の一部を連行するという行為をくり返した。前五九七年から、エルサレム*の最初の包囲のあとで、エルサレムの富裕層の大多数がバビロン*に連行された。二回目の捕囚は前五八七年、エルサレムおよび神殿の破壊に続いておこなわれ、三回目の捕囚はおそらく前五八二年におこなわれた（エレ五二章）。

アッシリア人とは異なり、バビロニア人は捕囚民を彼らの出身ごとに集結させた。聖書には、おそらく中部バビロニアにあったニップル付近のテル・アビブ（エゼ三・一五）、その他の都市（エズ二・

五九および八・一七）など、捕囚となったユダヤ人の住んだ場所がいくつか記されている。ある楔形文書は、〈アル・ヤフードゥ〉（「［新たな］ユダ王国」）という名の都市を記している。バビロニアに連行された人たちは、しばしば〈ゴラー〉（「捕囚にされた」を意味するヘブライ語の語根に由来）とよばれた。

逆説的だと思われるかもしれないが、バビロン捕囚は、のちに聖書となるテクストの誕生にきっかけをもたらす事件である。前五九七年と前五八七年の大惨事〔エルサレムの包囲と陥落〕の原因については、イスラエル*の神よりもバビロニアの神々のほうが強大であった、あるいは、イスラエルの神がみずからの民を見捨てた、という主張によって説明づけられよう。ユダヤ人上流階級のうちで、さまざまな集団がこの危機を乗り越えようとして、ユダ王国の滅亡に意味を与えるテクストを作りだした。

列王記（→王）の説明によれば、ユダ王国の滅亡はヤハウェによって仕組まれたものであり、神の掟にそむいた国王たちを罰するために、ヤハウェがバビロニア人を利用したのである。五書*のテクストでは、伝統的に国王が担うべき役割、すなわち神の律法の仲介者という役割が、モーセ*に与えられている。聖書の律法は、もはや国王も具体的な国家も必要としない。とりわけ預言書のように、捕囚の終わりとイスラエルの復興を告げたテクストもある。

翻訳（Traductions）

ペルシア時代からは、かつてのユダ王国およびイスラエル*王国において、さらにはバビロン*やエジプトの捕囚民のあいだでも、ヘブライ語の代わりにアラム語が話されるようになった。そのため前四世紀あるいは前三世紀からは、シナゴーグ礼拝において、ヘブライ語の聖書朗読文がアラム語で要約されたり、アラム語による敷衍訳が作られたりした。のちに、これらの敷衍訳は書物に書き留められたが、これがタルグム〔アラム語訳聖書〕とよばれるものである。

しかしながら、旧約聖書の最初の本格的な翻訳は、五書のギリシア語訳に始まる。この翻訳を手がけたのは、エジプトに在住しヘレニズム化されたユダヤ教徒である。「アリステアスの手紙」（前二世紀後半の偽典）によると、このギリシア語訳は前二七〇年頃、プトレマイオス二世の治世下のアレクサンドリアにおいて、七十二人の学者によって完成されたらしい（そのことから五書のギリシア語訳、ひいてはヘブライ語聖書全体のギリシア語訳に、「七十人訳」という名称が与えられた）。これらの学者たちは、それぞれ別々に作業したにもかかわらず、同じ訳文を作ったとされている。このエピソードは作り話である──五書のいくつかの書が同じ翻訳者によって一度に訳されていないことは知られている──が、この翻訳が前三世紀に始まったのは本当らしい。この翻訳のおかげで、ヤハウェの名はギリシア語で〈キュリオス〉（主）あるいは〈テオス〉となり、ギリシア世界に知られることになる。ユダヤ教徒はこのギリシア語訳聖書を、キリスト教徒が用いていたという理由でしりぞけた。ユダヤ教徒はより逐語的な別のギリシア語訳を作ろうとしたが、けっして認められることはなく、今日では断片的にしか知られていない。

紀元初期からは、それぞれ大きく異なるラテン語訳聖書がいくつも存在していた。四世紀のあいだに、修道士ヒエロニュムス〔三四〇頃〜四一九頃〕は、ヘブライ語本文を参照しながら聖書のラテン語訳を作った。このラテン語訳はやがてキリスト教会の標準的聖書となった。さらにカトリック教会は、ヘブライ語本文に直接依拠した各国語訳をいくつも作ったプロテスタントと一線を画するために、このラテン語訳を唯一の公認聖書として定め、「ウルガタ」〔「共通訳」の意味〕と称した（トリエント公会議、十六世紀）。

マソラ学者（Massorètes）

クムラン*で発掘された最古の聖書の写本は、同一の巻物においても、かなりの多様性を見せている。これらの写本は子音字だけで記されていることから、さまざまな発音や解釈が可能である。そこで、規範となる唯一の聖書本文を手に入れようとする努力がなされた。

したがって、まずは標準的な子音本文を作成する作業、そして六世紀からは、母音体系を確立する作業が始まった。こうした作業をパレスチナ（ティベリア、エルサレム*）やバビロン*でおこなった専門家たちは、マソラ学者（伝承の保管者）とよばれる。最終的に認められたのは、ベン・アシェル家によるティベリア式の母音体系であり、これは現代版のヘブライ語聖書でも用いられている。

マソラ学者は句読点や朗読記号、段落区分や節区分についても定めた。さらに、彼らが書き込んだ欄外注（マソラ）は、正確なテクストとされた本文を「改悪」から守るのにとりわけ有益であった。

こうした作業のおかげで、ユダヤ教*のあらゆる共同体が、同一の聖書本文を用いることができたのだ。

民数記（Nombre）

民数記は五書*における第四の書である。フランス語の書名は、「数」や「算出」を意味するギリシア語の〈アリスモイ〉にもとづいている。この書名の由来は、最初の数章および二六章にある人口調査である。ヘブライ語の書名〈ベミドゥバール〉、すなわち「荒野にて」は、この書の舞台となる地理的背景を端的に示したものである。

民数記では、一〜一〇章において共同体や祭儀に関する諸規定が加えられたのち、一一〜二一章において、エジプト脱出*という神の計画に疑問を抱いたイスラエル人が、ヤハウェとモーセ*に反抗する一連の逸話が記される。この反抗は、民一四章におけるカナン征服の拒否によって頂点に達する。そこでヤハウェは、イスラエルの成人を四十年間も荒野で放浪させ、死にいたらしめる。この裁き*は民二五章における最後の反抗のあとにおこなわれる。第二の人口調査は、新しい世代を対象としたものであり、次のように示されている。「これらの〔人びとの〕なかには、シナイの荒野でモーセと祭司アロンが〔イスラエルの〕人びとを登録したときに登録された者は、一人もいなかった」（民二六・六四）。

このように民数記は、荒野で死ぬことになる世代と、約束の地への到着を望むことのできる世代という、二つの世代を位置づけている。前四世紀に民数記をまとめた編纂者*たちは、この書において、ペルシア時代のさまざまな対立を描いた。というのも、この時代を通して、エジプトやバビロン*に滞在するユダヤ人のうちには、けっして約束の地に戻るつもりのない者が数多くいたからである。

二度の人口調査で挙げられる数字の意味については、明らかではない。もしかしたら、のちにゲマトリアという名で知られることになる、ヘブライ文字の数価に関する思索を予告しているのかもしれない。こうした思索は聖書にはほとんど見られない。もっとも代表的な例は、創一四・一四におけるアブラハム*の従者たちの人数である。彼らの人数である三一八は、アブラハムの家令エリエゼル（創一五・二）の数価と一致している〔エリエゼルという人名を構成するヘブライ文字の数価は、それぞれ א = 1, ל = 30, י = 10, ע = 70, ז = 7, ר = 200 であり、合計すると 318 になる〕。

メシア（Messie）

メシア（「油注がれた者」の意味）という称号は、もともと王に対する称号であり、神による王の聖別や選び*を表していた（サム上九〜一〇章）。王は、民の牧者〔導き手〕となり、法と正義を行き渡らせなければならない。こうしたふるまいが実際にはごく稀にしか見られない以上、とりわけ預言者*たちは、理想の王が即位することを待ち望むようになった（エレ二三・五〜六）。

エルサレム陥落*とユダ王国滅亡のあと、メシアという語はさまざまな表現で用いられた。たとえば、ペルシア王キュロスは「ヤハウェのメシア」と称されることもあった（イザ四五・一）。一方で、ゼルバベル〔捕囚後にエルサレム神殿を再建した指導者〕を中心としたダビデ王朝の復活を待ち望む人たちもいたが（ハガ二・二三）、そのとおりには実現しなかった。そのためペルシア時代末期からヘレニズム時代のあいだには、メシア待望が終末論へと変化していった（↓黙示文学、終末論）。ゼカ九・九では、理想的な王の到来が、平和による世界統治とともに述べられている。「あなたの王があなたのところに来る。彼は正しき者であって、勝利を得る者。へりくだって、ろばに乗ってくる〔…〕。彼は戦いの弓を折り、諸国民に平和を告げるであろう」。来たるべき王は、終末時のメシアへと変貌を遂げたが、信仰においては、現在の秩序に終止符を打ち、正義と平和の新たな秩序をもたらす救済者へと変わった（↓戦争と平和）。

メシア思想は、マカバイ戦争の時代とそれに続くローマの支配下において、さらに強まる。クムランの文書*には二人のメシアという思想が見られる。それはアロンのメシアとイスラエルのメシア*であり、それぞれ祭司的メシアと王的メシアを表している。それに対して、ダビデ的〔王的〕メシアのみが登場する文書も存在する。福音書の作者たちは、イエスこそが「キリスト」〔ギリシア語で「油注がれた者」の意味〕、すなわちメシアであることを示すために、旧約聖書のテクストにおけるメシア観を借用しながら、イエスを牧者あるいはダビデ*の子として描いている。

黙示文学、終末論（Apocalyptique, eschatologie）

「黙示文学」という名称は、「啓示」*を意味するギリシア語の〈アポカリュプシス〉に由来する。この〔アポカリュプシスという〕語は、新約聖書の最後の書である「ヨハネの黙示録」に与えられたのちに、終末に関する思索や描写を含んだユダヤ教およびキリスト教の文書を指すために用いられた。したがって黙示文学は、最後のことがらに関する言説、すなわち終末論と明らかに関係している。終末論とは異なり、黙示文学は秘義を伝える文学類型のひとつであり、その「解読」については、秘義に通じた人たちや神の啓示にあずかることのできる精鋭たちに限られている。

黙示的言説の起源は、前三世紀ごろにさかのぼる。この時代には、ギリシア王たちの征服により、古代中近東において政治・経済・宗教的に大きな混乱が生じたが、この混乱は一部の住民たちにとって不気味かつ混沌としたものに感じられた。

この時代には、ヘレニズム文化に対抗すべく、ユダヤ教において多くの黙示文学が書かれたことが知られている。その例としては、エノク書の最古の部分〔第一エノク書〕、第四エズラ書、アブラハムの黙示録がある。ヘブライ語聖書の正典*における唯一の黙示文学は、ダニエル書の後半部分（七章〜一二章）である。この部分では、他の黙示文学と同じように、最後の裁き*、正しき者と悪しき者との選別、新たな創造*、さらには死後*の生、死者の復活といったモチーフが見られる。ダニエル書の七章〜一二章は、ギリシア〔セレウコス朝シリア〕の王、アンティオコス四世エピファネス〔在位前一七五〜前一六四〕が没する直前に書かれた。この王はローマに貢税を納めるために、エルサレム神殿*

を略奪した。この七章〜一二章では、明らかにアンティオコス四世にかかわる暗示的記述が含まれているが、前一六四年に起こった彼の死については言及されていない。これらの章では、とりわけ全人類に対する最後の裁きが語られており、裁き主である「老いたる者」に付き従う「人の子」は、諸民族に対する支配権を手にする。同じようなシナリオが新約聖書のいくつもの箇所に見られるが、「人の子」という表現はイエスにすり替えられている。

ダニ一二章は、聖書において死者の復活を語った最初の記述であるが、復活にあずかるのは正しき者だけとされている。悪しき者は永遠の火によって罰せられる。ユダヤ教の聖書にこうした記述がほとんど収められていないのは、ラビたちがそのような考えに不信感を抱いていたことを示している。

モーセ（Moïse）

モーセはおそらく旧約聖書でもっとも重要な人物である。最初に創世記*でさまざまな起源が語られたのち、出エジプト記*は彼の誕生に始まり、五書*の最後にあたる申命記*は彼の死（申三四章）で終わる。モーセの名前はエジプト語（「子」を意味する〈モセ〉）に由来するが、同じ語根から作られた名前には、たとえばラムセス（「ラーの子」）がある。だからこそ聖書では、モーセは自分の母親によってではなく、養母となるエジプト王女によって命名される必要があった。そのため、モーセは実際にエジプト人であったのかという疑問が呈されてきた。この疑問をしりぞけることは不可能であるが、他方では前二千年紀末のあいだ、多くのセム族がエジプト王宮で働き、エジプト語の名前をもっていたことも知られている。それに、いくつかの箇所でモーセの兄として登場するアロンも、エジプト語の名前（「[神の] 名は偉大なり」の意味）をもっている。

モーセはとりわけヤハウェと民との仲介者である。彼はのちに登場する一連の預言者*たちの先駆的人物であり（申一八章）、「燃える柴」の逸話（出三章）では、預言者としてのモーセの使命が語られている。その一方で、モーセは王的な人物でもある。彼が出生時にかごに捨てられ、川から拾い上げられたという逸話は、前八世紀あるいは七世紀のアッシリア文書と酷似した共通点をもっている。この文書では、アッカド王サルゴン〔前二三三四〜前二二七九〕が女神イシュタルの養子となったことが語られている。

モーセの王的な役割が顕在化するのは、とりわけ彼がヤハウェと民との仲介役を務めるときである。神の掟をすべて授かり、これを民に伝えるのは、王ではなくてモーセである。聖書においては、モーセの律法にしたがって裁かれる立場にすぎない。

モーセの死に関する逸話は、彼の卓越した人間性を物語っている。モーセを埋葬するのは神自身である。モーセがヤハウェの望みにより〔カナンとよばれる〕土地*の外で死ぬのも、彼の死がディアスポラ*のユダヤ人に対して模範的な性質を示しうるからである。ディアスポラのユダヤ人は、土地の外で埋葬されるのでは、という考えに悩まされていた。モーセは土地を見渡すが、そこに入ることはできない。土地に対する約束はくり返されるが、それは成就されないままとなる。何よりも重要なのはトーラーであり、トーラーの唯一たる仲介者がモーセなのである。

ヤコブ（Jacob）

創世記*によるとヤコブは、アブラハムとイサクに次ぐ三大族長の三人目とされている。ヤコブ物語（創二五・一九～三四、創二七～三六章）は、二つの大きな主題から構成されている。すなわち、双子のヤコブとエサウによる争いと和解（二五・一九～二八・九、三二・二～三六・四三）、伯父ラバンの家におけるヤコブの滞在（二九・一～三二・二）である。これら二つの主題は、ヤコブが発見もしくは建立する聖所*（とりわけベテル聖所、創二八章）の逸話を介して、ひとつに結びついている。

二人の兄弟であるエサウ（長子）とヤコブの争いは、二つの箇所で語られている。二五・二七～三六においてエサウは一皿のレンズ豆と引き換えに、長子の権利をヤコブに売り渡す。二七・一～四〇において、ヤコブは兄エサウのふりをして老いた父イサクをだまし、長子の祝福*をエサウから奪いとる。いかさま師のヤコブは、伯父ラバンの家で自分がだまされる羽目になる。ラバンは最初に〔ヤコブが愛していた〕ラケルではなく、長女のレアをヤコブと結婚させた。そのせいで、ヤコブはラケル〔との結婚〕のために七年間も余計に働かされる。ヤコブの息子たちの誕生については、あたかも二人の正妻のあいだで繰り広げられる競争のように語られており、二人が子供を産めないときには、彼女たちに代わって二人の女奴隷〔ビルハとジルパ〕が子供をもうける。このようにして、のちにイスラエル*の十二部族*となるヤコブの息子たちは、四人の異なる母親から生まれた（二九・三一〜三〇・二四）。

ヤコブに関する数々の伝承は北王国（イスラエル）で誕生した。これらの伝承は、部族や氏族から成り立ち中央集権をもたない社会構造を反映している。ヤコブ物語の最初の資料は、ヤコブという名の人物を父祖とする氏族が、アラムの集団（ラバン）から離れたことを示している。ヤコブがアラム人の出身であることは、おそらく申二六・五の「私の先祖はさすらいのアラム人でした」という言葉に表れている。ヤコブ物語がイスラエル王国の創始伝説となったのは、ヤロブアム二世の治世下、すなわち前八世紀のことである。創三二章における神*との戦いは、ヤコブが改名してイスラエルとなった経緯を語っている（ここでのイスラエル*という名は「神と戦う者」という意味に解釈される）。前七二二年にイスラエルが滅亡したあと、ヤコブの英雄譚はユダ王国に伝えられ、ヤコブはアブラハムとイサクという父祖たちに結びつけられた。

ヤハウェ（YHWH）

この四文字は「神聖四文字（テトラグラマトン）」、すなわちイスラエルの神にあたる固有名詞を構成する子音字であるが、その元来の発音は知られていない。この名詞はしばしば、学術出版物によく記されているように、ヤハウェと発音されていたと考えられているが、ヤフあるいはヤホーと発音されていた可能性もある。

マソラ学者*たちが旧約聖書の子音本文に母音記号をつけたとき、ヤハウェの名についてはすでにずっと前から、発音しないことが定められていた。そのため彼らは、四つの子音字の下に〈アドナイ〉（主）という語の母音を記した。これに呼応するかたちで、すでにギリシア語訳聖書が**YHWH**を〈キュリオス〉（主）に置き換えたことに示されているように、ヤハウェの読み替えに関する長い伝統が存在した。そこから、マソラ学者たちが神聖四文字に結びつけた〈アドナイ〉の読み替えの母音を用いて、**YHWH**を発音しようという誤った試みがなされ、〈エホバ〉〔YeHoWaH〕という発音が生じた。この発音の仕方は、いくつかの聖書翻訳*から「エホバの証人」にいたるまで、広く知れ渡っている。

ユダヤ教*が神の名を発音するのを拒んだことには、おそらくいくつかの理由が存在する。一神教的な考え方において、唯一なる神が固有名詞をもち、他の神々と区別される必要性をともなうのは、ふさわしいことではない。さらには、魔術的な儀礼を執り行うために固有名詞の使用を避けようとしたのかもしれない。そのため、十戒*ではヤハウェの名をむやみに用いることが禁止されている。そして最後に、イスラエル*の神の超越性を強調するためでもある。この神は、モーセ*から名を問われたとき、〈エフイエ・アシエル・エフイエ〉（「私はある、という者である」、出三・一二）と返答する。この返答は、〈ヤハウェ〉に対するほのめかしを含みつつも、聖書における神の名は把握できないということを説いたものである。

ユダヤ教（Judaïsme）

「ユダヤ教」という語はユダから派生した。このユダという語は、まずは地方（しばしば「ユダヤ」という語も用いられる）を、それから部族を指した。のちにユダは「南王国」を指すために使用された。エルサレム*を首都とするこの王国は、前五八七年の首都陥落まで、ダビデ*の子孫を標榜する王たちによって統治された。南王国の滅亡後、ユダあるいは「イエフードゥ」は、ペルシア帝国、次いでギリシア王朝の属州となった。

ユダヤ教とは、イスラエルあるいはユダの伝統的宗教の急激な変容によってペルシア時代から成立した宗教を指す。イスラエルあるいはユダの伝統的宗教は、隣接する民族の宗教組織とあまり異なるものではなかった。今日知られているユダヤ教は、七〇年のローマ人による第二神殿破壊のあとに誕生した。ユダヤ人が供犠の場を失ったことにより、ファリサイ派が台頭してサドカイ派*（祭司たち）と対立した。こうした傾向は、のちに「律法主義」とよばれるユダヤ教を確立することになる。

サマリアの共同体（トーラーのみを聖典とし、ゲリジム山でいけにえ*の儀式をおこなう人たち、↓サマリア）とカライ派（九世紀に誕生した教派で、ヘブライ語聖書のみに霊性を認め、タルムードを排した）を除けば、今日のユダヤ教は律法主義的な傾向にある。さまざまな集団（アシュケナジム〔ドイツ語圏や東欧諸国に定住したユダヤ人〕、セファルディム〔スペイン・ポルトガルや南欧諸国に定住したユダヤ人〕）や神学的立場（正統派、保守派、改革派）は、いずれも律法主義のユダヤ教から生じたものである。

預言者（Prophètes）

預言者とは、神の言葉を代弁して伝える人物である。もっとも一般的なヘブライ語名称は〈ナービー〉であるが、これは忘我状態や恍惚状態を連想させる語である（サム上一〇・一～一二）。預言者は、しばしば幻を目にし、幻を通して神と交わる人物であるから、「先見者」ともよばれる（アモ七・一二）。さらに預言者は、とりわけエリシャの称号にもあるように、魔術師や易者としての能力を表すべく、「神の人」〔王下五・二〇〕とよばれる場合もある。

旧約聖書の預言者はしばしば、祭司権や王権に対立する人物、祭儀や儀式におけるいっさいの宗教的性質を徹底的に否定する、非常に批判的な人物とされがちであった。とはいえ預言者は、祭司*集団と結びついていることもあれば（エゼキエル*とエレミヤ*）、王の特別な助言者として仕えることもある（イザヤ*）。預言者たちを大別すれば、王宮や聖所*に雇われている人物と、他に職業をもつが不意に神霊にとりつかれた、いわば「フリーランス」の人物に分けられる。アモスは、ヤロブアム王やベテル聖所に対する辛辣な発言を正当化するときに、自分は〈ナービー〉でも預言者集団の一員でもないと明言しつつ、自分の職業は牧者だと告げている（アモ七・一四～一五）。

旧約聖書には、みずからの名前を書に付した預言者がいくつも存在する。これらの書の長さにそって、三大預言者（イザ、エレ、エゼ）と十二小預言者に分類される。とはいえ、これらの預言者がみずからの書を記したのではない。これらの預言書は、長きにわたる思索の成果なのである。ユダヤ教*は、預言者〔ネビイーム〕の正典*を定めるさいに、自分の〔名前が付された〕書をもつ者こそが真の預言者であると決めた。そのため、ペルシア時代には預言活動の終焉に関する説が生まれた。実際に、十二小預言者のうちの最後の人たち（ハガイ、ゼカリヤ、マラキ）は、ペルシア王の治世下に位置している。しかしながら、マラキ書の最後は、預言者エリヤが終末に再来することを告げており、預言活動が再開するという希望をかき立てている。

ヨシヤ（Josias）

ヨシヤ王の統治については、王下二二～二三章、および代下三四～三五章に記されている。そこではとりわけ、この王が八歳で即位し、政治・宗教面での抜本的な改革をおこなったことが理解できる。ヨシヤ王は、ヤハウエをユダ王国の唯一神とし、エルサレム神殿*をヤハウェ崇拝の唯一正式な場所とした。この改革は、王下二二章によれば、神殿の修復作業のさいに謎の書物が発見されたことに由来する。ヨシヤはこの書物を読んだのち、他の神々の象徴をすべて排除するだけでなく、ヤハウエが（おそらく女神アシェラとともに）崇拝されていた屋外の聖所やベテル*の祭壇を含めて、ユダ王国における「高き所」をすべて破壊した。発見された書物は、しばしば申命記*とされている。というのも、ヨシヤの行為が申命記の神学思想や規定と一致するからである。こうした中央集権政策は、エルサレムが大都市化しつつあったことを示しており、ヤハウエに捧げるいけにえ*をエルサレムに集中させる試みには、経済的影響も伴っていた。

列王記（↓王）と歴代誌に見られる逸話は、たんなる歴史的記述ではない。発見された書物というモチーフ（その現れ方は歴代誌の記述では大いに異なる）は、おそらく最後に修正された箇所の一部である。この話題は、メソポタミア王が神殿の修復や改修のさいに「再発見」した礎石のモチーフを借用したものである。聖書においては、書物が礎石に代わるべく、ヤハウェ崇拝における「真の」土台となり、新たな権威となるのだ。実際に、ヨシヤは神殿全体から崇拝物をすべて取り除き、民に向けて書物を朗読するときにかぎり神殿を用いた。こうして神殿はシナゴーグの前身となったのだ。ヨシヤによる改革は、歴史的な観点から見れば、ただちに成功しなかったものの、エルサレムがのちにユダヤ教*に及ぼす影響力の基盤をもたらした。

ヨシュア（Josué）

ヨシュアは、五書*に続いてイスラエル人による〔カナンとよばれる〕土地*の征服を語った書〔ヨシュア記〕の主人公である。とりわけ、イスラエル人がエリコの町を七周すると城壁が崩れ落ちる逸話（ヨシュ六章）は有名である。ヨシュア記を読んで衝撃を受ける者もいるであろう。なにしろこの書では、イスラエル*とその神*が異常な残酷さを見せているからだ。この書で問題となるのは、各地の先住民に対する虐殺を命じた神の掟である。ヨシュア記を理解するには、これを歴史的背景に位置づけなければならない。ヨシュア記の最古の資料は、前七世紀、ユダ王国がアッシリア帝国に脅かされていた時代に書かれた。アッシリア人は、全民族に対する支配権をみずからの神々から授かったと主張し、暴力*のかぎりをつくしていた。ユダ王国の書記たちは、ヨシュア記の征服物語を書くことにより、イスラエルの神がアッシリア*の神々よりも強いことを訴えようとした。また、ヨシュア記において、他民族にはカナンを占有する権利がいっさいないということが示されるとき、この発言は第一にアッシリア人に向けられているのである。

したがってヨシュア記は、アッシリアの軍国主義を告発した「カウンター・ヒストリー」となっているのだ。前五八七年のエルサレム*陥落後、この書には加筆が施され、失われた土地がふたたびイスラエルの領土となりうるという期待が表明されるとともに、最古の資料に見られた民族主義を修正する逸話がいくつか加えられた。その顕著な例は、ヨシュアが遣わした斥候を助ける遊女ラハブの物語（ヨシュ二章）である。この物語では、異国の女性による協力なしに土地の征服は実現しえなかったであろう、ということが示されている。

ヨシュアという人物は、おそらく実在の人物ではない。彼はおそらく、ヨシヤ*王の人物像をもとにして、ヨシヤ王の軍備拡張政策を正当化するために作られた人物である。

ヨナ（Jonas）

ヨナ書は、その文学類型において、「十二小預言者」*の文書群に収められた他の書と異なっている。

これは前三世紀に書かれた短い物語である。物語の作者が主人公の名前として、前八世紀の〔イスラエル王国の繁栄を伝えた〕国粋的な預言者（王下一四・二五）を選んだのは、おそらく民族主義的な神学を批判するためである。ヨナはヤハウェの命令により、アッシリアの首都ニネベに遣わされるが、船に乗って逃亡をはかる。異教徒の船員たちは、「海と陸とを造られた神」（ヨナ一・九）から逃げられないことを知る。ヨナは大魚に飲み込まれ、体内から吐き出されたあと、ついにニネベに行って町の滅亡を預言する。すると、動物たち*を含めた全住民が悔い改める。ヤハウェは町の滅亡を思いとどまるが、ヨナはこれに不満を抱く。というのも、自分の言葉が実現しなかったせいで、にせ預言者と呼ばれることになるからだ（申一八・二一～二二）。そこで神*は、ヨナを暑さから守っていた大きな木〔とうごまの木〕を枯らせてしまう。これに続く会話において、ヤハウェは、とうごまの木に対するヨナの「憐れみ」を、ニネベに対する神自身の「憐れみ」と対比させる。いずれの聖書の翻訳*においても、「まして私は、この大いなる都ニネベを憐れまないだろうか」という修辞疑問文が用いられている。しかし、文法的な観点から見れば、疑問文であることがいっさい表示されていないため、「私はニネベを憐れまないだろう」というふうに、否定文としても訳しうる。実際に預言書の読者は、ニネベの滅亡が王下一四章におけるヨナの時代ではなく、それから約百年後〔正確には前六一二年〕に生じたことを知っている。したがってヨナ書の結末には、あいまいさが含まれている。つまり、ヤハウェが心変わりをすることもあるが、それはおそらく一度だけではない、と言いたいのだ。

ヨブ (Job)

フランス語には《être pauvre comme Job》(赤貧洗うがごとし〔ヨブのように貧しい〕)という表現がある。この表現は旧約聖書におけるヨブの物語に由来する。神*はヨブからすべての財産や子供さえも奪った。とはいえヨブ記の問題は、第一には貧困ではなく、〔世界に〕内在する神の正義という問題である。これは普遍的な問題であるために、ヨブ記の作者は主人公をイスラエル人として登場させていない。ヨブがいるのはアラビアのどこかの、人びとの住む土地から離れた場所、秩序ある世界が混沌におびやかされた場所である。

ヨブ記は、散文による物語的外枠(一・一〜二・一三、四二・七〜一七章)と韻文による主要部(三・一〜四二・六)に分かれる。物語的外枠によると、ヨブの苦しみは、神と悪魔*の賭けから生じたものである。この賭けは、ヨブが「理由なしに」神に忠実なままでいられるかどうかを知るためにおこなわれた。ヨブは耐え抜いて苦境に打ち勝つ。苦しみや悪は、たんなる試練でしかなかったのである。しかしながら、こうした見解をもってしても、ヨブの反抗を和らげることはできない。ヨブ記の主要部には、三人の友人との長い対話が含まれている。彼らは〔因果応報という〕一般に広く知られた知恵を語るが、その知恵はヨブによって反駁される。この友人たちは、ヨブの苦しみが彼の隠れた罪*に対する神の罰から生じたものだと確信している。それに対して、ヨブは潔白で「正しい」人物だと自負しており、自分はそのような運命に値しないと考える。そして彼は、神への反抗を通して、神が定めた因果応報など存在しないことを証明する。

最後に神がヨブに返答する。神は、人間が統率することのできない一連の動物たちを列挙し、混沌の化身であるレビヤタンに対する戦いをほのめかす（三八〜四一章）。この返答は、いささか漠然としているものの、二つの事実をヨブに喚起させている。それは、人間は世界の中心ではない、そして、悪との戦いはつねにくり返される、ということだ。はたしてヨブは納得したのだろうか。この問いは未解決のままである。読者こそがヨブ記との対話を通して、自分なりの答えを見つけなければならないのだ。

律法*（Loi）

〈トーラー〉という語は、ユダヤ教の伝統において、もっとも一般的な五書の名称である。この語はしばしば「律法」や「律法の書」と訳される。しかしながら、こうした訳語（ギリシア語の〈ノモス〉〔法律〕に由来）は誤りである。〈トーラー〉という語は、「示す、教える」を意味するヘブライ語の語根に由来しているのだから、むしろ「教示」と訳すべきであろう。しかも、この「教示」という本来の意味のほうが、祭儀的問題や医学的問題に関する祭司の教え（エレ一八・一八）に適している。また、この意味のほうが、五書に収められた書にも適している。というのも、五書に収められた書は、会衆に読み聞かせて教えを伝えるために用いられたからである。

とはいえ実際には、五書は律法集を含んでおり、これらの律法集が五書全体のおおよそ半分を占めている。五書はとりわけ三つの重要な律法集、すなわち「契約の書」（出二〇・二二〜二三・一九）、「申命記法典」（申一二〜一六章）、「神聖法典」（レビ一七〜二六章、↓聖）を含んでいる。これらの律法集の大部分には、古代中近東における法典との共通点が見られる。たとえば同害復讐法（出二一・二三〜二五、申一九・一九〜二一、レビ二四・一七〜一八）は、見境のない報復を防ぐための律法であり、すでにエシュヌンナ法典〔古代メソポタミアのエシュヌンナ王国で制定された法典〕やハンムラビ法典〔古代バビロニアのハンムラビ王によって制定された法典〕にも定められていた。この二つの法典には、五書と同じように、貧民や弱者に対する配慮も定められている。聖書の律法と中近東の法典における大きな相違点といえば、後者の場合には、王が神から法典を授かるのに対し、聖書の場合には、モーセが唯一の仲介者としてヤハウェから律法を授かる点である。いくつかの箇所では、この〔ヤハウェによる〕律法はもはや王を必要とせず、神*がみずから書き記したものとされている（出二四・一二）。

ルツ（Ruth）

ルツ記は優れた物語である。語り手は舞台を士師*記の時代に設定している。そのためこの書は、ギリシア語版聖書では、士師記とサムエル*記のあいだに置かれている。

物語は、ナオミの義娘でモアブ人のルツが、ナオミに付き従って義母の故郷ベツレヘムに戻る経緯を語っている。ナオミは夫と息子たちとモアブに滞在していたとき、彼らに先立たれてしまう。ベツレヘムに来たルツは、ナオミの画策により、ボアズという男と再婚し、のちにダビデ*王の曾祖母となる。実は、ルツとボアズとの夜の出会いを取り計らったのはナオミである。この出会いをきっかけにボアズは、モアブの美女ルツと結婚できるように全力を尽くす。

この物語はペルシア時代の前四〇〇年頃に書かれた。ルツは〔イスラエル社会への〕同化に成功することを強調すべく、ナオミに向かって「あなたの神は私の神、あなたの民は私の民」〔ルツ一・一六〕と述べるが、この言葉は、エズラ*記とネヘミヤ記に示された排他主義的風潮に対する反発として理解される。この二つの書は、異教徒との婚姻関係を解消することを要求していた。ルツの物語は、異民族に対する寛容性を礼賛したものであり、異民族がヤハウェの民のうちに存在することを、有益かつ不可欠なこととしている。

歴史（Histoire）

ヘブライ語聖書を創世記*の第一章から読み進めると、そこで始まる物語を列王記（↓王）の最後まで追うことができる。そこに見られるのは、世界と人間の創造*に始まり、エルサレム*の陥落、およびユダヤ人に対するバビロン*への強制連行にいたる、ひとつの長い歴史である。つまりそれは、五書*の全体と「預言者」〔ネビイーム〕の前半部分を含んだ、ひとつのまとまりである（↓ヨシュア、士師、サムエル、王）。

イザヤ書*の冒頭からは、時系列にそった展開は放棄され、二つの王国〔イスラエルとユダ〕の時代に逆戻りする。さらには文学類型も変化し、これ以降は物語のかわりに預言者たちの託宣が記される。したがって、創世記から列王記までの書を、ひとつの文学的なまとまりと見なすことができる。しかしながら、こうした歴史は、ランケ〔一七九五〜一八八六、ドイツの歴史家〕が定義したような、現代的な意味での歴史叙述(「出来事が実際にはどのように起こったのか」)ではない。聖書における歴史とは、ギリシア語の〈ヒストリエー〉が意味するところの歴史、すなわち「探究調査」でもない。聖書の冒頭にある壮大な物語を語るにあたって、いかなる作者も一人称を用いていない。それは匿名の作者による歴史なのだ。

とはいえ、旧約聖書における歴史は、イスラエル王国*とユダ王国の滅亡を前提としている点で、ギリシアの歴史叙述と同じように、危機や大惨事の原因を解き明かすことに関心を払う。聖書における歴史は、「楽園」の喪失から約束の土地*の喪失にいたるまで、これらの喪失の理由について説明する。トゥキディデス〔前四六〇〜前四〇〇頃、古代ギリシアの歴史家〕は前五世紀に『戦史』を書き、それを「過去の正しい知識を未来の解釈に役立てようとする人たち」(第一巻二二章)に捧げた。聖書における歴史は、出来事の史実性に支配されていない。それは神話や神学にもとづいた歴史なのだ。しかしながら、聖書は(他の史料のひとつとして)歴史家の史料に用いられることもある。歴史家は、とりわけ列王記において、聖書物語をエジプト*、レバント地方、メソポタミアの史料と照合することで、さまざまな相違点や聖書の作者の意図を明らかにする。こうして歴史家は、古代中近東の史料も聖書と同じように、現代的な意味での歴史叙述に関心を払っていないという点に気づくのである。

レビ記（Lévitique）

レビ記は、五書*における第五の書であるが、とりわけ旧弊で時代遅れに感じられる諸規定が収められていることから、おそらく多くの読者からもっとも低い評価を受けている書である。この書では、今日では不適切とされる性観念（たとえば男性の同性愛を死刑に処すること）が述べられているほか、冒瀆に対してはあまり寛容な態度が示されていない。その一方で、隣人への愛*を命じた戒律（レビ一九章）も含まれている。

キリスト教にとって、レビ記はつねに困惑の種であったのに対して、ユダヤ教*においては、トーラーに関する伝統的研究は「祭司の書」〔タルムードにおけるレビ記の名称〕とともに始まった。「レビ記」という書名はギリシア語訳聖書に由来するが、この書名はいささか奇妙である。というのも、これはたしかに祭司の手引書ではあるが、第二神殿の時代に下級祭司の構成員であったレビ人たちが、ほとんど登場しないからだ。ヘブライ語の書名は、冒頭の言葉をとって〈ワイイクラー〉（「そして彼〔ヤハウェ〕は呼んだ」）とよばれる。この言葉は出エジプト記*の結末を前提としたものである。ヤハウェは結末において、砂漠地帯に建てられた聖所*〔幕屋〕を占有する。レビ一・一において、ヤハウェはモーセ*に呼びかけ、祭礼や共同体を取りまとめる方法について告げる。

レビ記の前半部分（一～一六章）は、祭司が必要とする諸規定（いけにえ*、汚れの種類、清めの儀式）を含んでいる。この部分は前五二〇年頃に、祭司たちによって書かれたものである。彼らはエルサレム*神殿の再建にあたって、いけにえやその他の祭司的職務とされる数々の儀式を、文書によって定めようとしたのだ。レビ記の後半部分（一七～二七章）は、共同体全体を対象としたものであり、しばしば「神聖法典」（→聖*）とよばれる。それは「私［すなわちヤハウェ］が聖なる者であるから、あなたがたも聖なる者となりなさい」という言葉のくり返しに由来する。この部分は別の祭司たちによって、数十年後に書かれたものである。この祭司たちは、政治的自立を失った民のために、道徳的および経済的規定を書き記そうとしたのだ。ユダヤ教は、七〇年に第二神殿が崩壊したのち、レビ記で定められているいけにえの儀式を廃止した。とはいえ、ヤハウェがイスラエル民の罪を赦すという大贖罪日（ヨム・キップール、レビ一六章）がとりわけ示すように、レビ記はユダヤ教において、いまだに重要な書と見なされている。

訳者あとがき

本書は、Thomas Römer, *Les 100 mots de la Bible* (Coll. « Que sais-je ? » n° 4057, P.U.F., Paris, 2016) の全訳である。タイトルを直訳すれば「聖書の100語」となるだろうが、内容が旧約聖書（正確には「ヘブライ語聖書」）の話題に限られていることから、邦題は『100語でわかる旧約聖書』とした。なお、翻訳にあたっては二〇一七年刊の第二版を用い、地図と古代ユダヤ史年表は訳者が作成した。

著者のトーマス・レーマー氏は、一九五五年、ドイツのマインハイム生まれ。ハイデルベルク大学神学部およびテュービンゲン大学神学部で学び、パリの高等研究実習院（EPHE）で宗教学を専攻し、一九八八年にジュネーヴ大学神学部で博士号を取得。翌年からジュネーヴ大学神学部で講師、准教授を務めたのち、一九九三年にはローザンヌ大学神学・宗教学部の教授に就任、現在にいたる。二〇〇八年からはコレージュ・ド・フランスの教授として、「聖書の世界」の講座を担当している。専門は申命記および申命記史書をはじめとする旧約学であり、その優れた業績は世界的に高く評価されている。

レーマー氏の著書は、フランス語だけでも、共著や編著を合わせて四〇冊近くにおよぶ。邦訳としては、『申命記史書　旧約聖書の歴史書の成立』（山我哲雄訳、日本キリスト教教団出版社、二〇〇八年）のほかに、「トーマス・レーメル」の著者名で、『モーセの生涯』（矢島文夫監修・遠藤ゆかり訳、創元社、「知の再発見」双書、二〇〇三年）が刊行されている。未邦訳の単著として代表的なものを挙げれば、『暗き神――旧約聖書における性・残虐・暴力』（*Dieu obscur. Le sexe, la cruauté et la violence dans l'Ancien Testament*, Labor et Fides, 1996）、『イスラエルの最初の歴史――申命記主義学派の編集作業』（*La première histoire d'Israël. L'école deutéronomiste à l'œuvre*, Labor et Fides, 2007）、『禁じられた詩編――神の沈黙から暴力へ』（*Psaumes interdits. Du silence à la violence de Dieu*, Éditions du Moulin, 2007）、『神の発明』（*L'invention de Dieu*, Éditions du Seuil, 2014）のほか、文庫クセジュで『旧約聖書入門』（*L'Ancien Testament*, 2019）がある。さらに、雑誌や論文集に発表された論文は、各国語で翻訳されたものを含めると三五〇点を超える。レーマー氏の研究内容や詳しい業績については、次のウェブサイトをご参照いただきたい。

https://www.college-de-france.fr/site/thomas-romer/index.htm

旧約聖書は、ユダヤ教・キリスト教の聖典であるだけでなく、古今の芸術家や作家たちにインスピレーションを与えてきた文化の源泉でもある。本書は、そうした人類共有の精神的遺産である旧約聖書を、一般読者にも親しみやすいように100のキーワードから平易に解説した入門書である。

本書で取り上げられているキーワードは、旧約聖書における重要人物や有名なエピソード（「アブラハム」「モーセ」「バベルの塔」「捕囚」など）、主要な舞台となる地域（「エジプト」「エルサレム」「シナイ」など）、聖書の記述にあらわれる象徴的なモチーフ（「動物」「天」「ぶどう酒」など）、古代イスラエルの社会的風習や宗教的儀礼にまつわる事項（「いけにえ」「割礼」「清さと汚れ」など）のように、多岐にわたる。こうした豊富なトピックにより、多面的な角度から旧約聖書の全体像が概観できる仕組みになっている。さらには、聖書本文の成立や伝承に関わるキーワード（「口承」「聖書の成立」「正典」「マソラ学者」など）を通して、旧約聖書が正典化される過程についても説明がなされている。

旧約聖書は長く複雑な道程をたどって誕生した書物である。いずれの書も、それぞれ固有の歴史的・文化的状況において編集され、しばしば加筆や修正をともない、多くの紆余曲折をへて伝えられてきた。本書でも、古代バビロニアの創世神話、アッシリア王による誓約文書、あるいは空中庭園のレリーフなど、さまざまな史料を用いたうえで、聖書の成立背景や当時の文化との関わりが紹介されている（「創造」「申命記」「園」などを参照）。他方では、遺跡の発掘調査にもとづいて聖書の史実性や伝承過程を検証しようとする研究もなされてきた（「考古学」「クムラン」「ダビデ」などを参照）。このように、歴史や考古学における最近までの研究成果をもとに聖書の記述が解説されている点も、本書の特徴である。

さらに、聖書はポレミカルな書物でもあり、今日にいたるまで多様な解釈を引き起こしてきた。旧約聖書のテクストにも、しばしば戦争や暴力を正当化するために用いられた書や、外国人排斥や女性蔑視を容認するものとして読まれた書がある。こうした解釈が聖書のメッセージに即しているかを探るには、まずは現代的な先入観を払拭したうえで、聖書本文が記された当時の社会通念や人びとのメンタリティに照らし合わせることが必要となろう。本書では、古代イスラエルにおける女性観や愛のかたち（「愛と性愛」「女性」）、異民族に対する寛容性（「異邦人」「選び」「ルツ」）、戦争や暴力をめぐる思想（「戦争と平和」「暴力」）など、現代の読者にとって興味深い話題も扱っており、ともすれば時代錯誤に陥りかねない聖書読解を、誤解や偏見から解き放つ役割を果たしている。

旧約聖書は新約聖書に比べて、難解でとっつきにくいという印象があるかもしれない。しかし、神と人類との壮大な歴史を語ったこの書には、諸民族の起源と英雄たちの武勲を描いたドラマがあり、古代イスラエルの知恵を伝えた詩文があり、苦難を生きる人たちに希望の光を灯した預言があり、現代の私たちにも有意義なメッセージがいくつも含まれている。本書をきっかけとして、読者の方々が旧約聖書を手にして読み、その滋味豊かな世界にふれていただければ、訳者としては幸いである。

本書の翻訳に関して、一点だけお断りしておきたい。凡例でも述べたように、《Bible hébraïque》という原語については、誤解の生じない範囲内で、「ヘブライ語聖書」ではなくて「旧約聖書」と訳してある。ただし、ヘブライ語聖書と旧約聖書は、厳密にいえば完全に同じものではない。

ヘブライ語聖書とは、ヘブライ語（一部はアラム語）で書かれたユダヤ教の聖典のことである。この聖書は、五書（トーラー）、預言者（ネビイーム）、諸書（ケトゥビーム）の三つの部分からなる。それぞれの部分に収められた書については、本書の旧約聖書略語表（八〜九頁）をご覧いただきたい。ユダヤ教の聖典では、もっとも重要な神の教えとして五書が中核をなし、その教えを解釈し応用したものとして預言者たちの書が続き、人間からの反応や応答を表した文学的作品として諸書が最後に置かれている。そのため、預言者が登場する歴史物語（ヨシュア記、士師記、サムエル記、列王記）は預言書と見なされ、文学的色彩を帯びた預言書（ダニエル書）や歴史書（エズラ記、ネヘミヤ記、歴代誌）は諸書に分類されている。

一方、旧約聖書のほうは、新約聖書と区別するものとして、二世紀末からキリスト教で使用されはじめた名称である。「旧約」とは、モーセを通してヤハウェと結ばれた「旧《ふる》い契約」を指す。旧約聖書は、ヘブライ語からギリシア語に翻訳された七十人訳聖書にならい、五書（創世記から申命記）、歴史書（ヨシュア記からエステル記）、詩歌書あるいは文学書（ヨブ記から雅歌）、預言書（イザヤ書からマラキ書）という配列になっている。これらの書は過去、現在、未来という時系列にそって並べられており、預言書が最後に置かれることで救済史的な史観が鮮明に打ち出される。つまり、預言者たちが「新しい契約」を告げたのちに、イエス・キリストによる「新しい契約」の成就が新約聖書において示されるのである。

さらにカトリックの旧約聖書は、これらの書のほかに、第二正典（プロテスタントでは外典）として七つの書（トビト記、ユディト記、知恵の書、シラ書、バルク書、マカバイ記一・二）を加えている。このように「ヘブライ語聖書」と「旧約聖書」には、テクストの配列順序のみならず、神学的な意味合いにおいても違いが見られる。ただし、本書では入門書としての性質から、一般的に日本語で通用している「旧約聖書」を訳語としてなるべく使うことにした。ご理解をお願いしたい。

最後に、本書の翻訳作業にあたっては、白水社の小川弓枝さんにたいへんお世話になった。この場を借りて深く感謝の意を表したい。

二〇二一年二月

久保田　剛史

古代ユダヤ史年表

（年代はすべて紀元前、C は世紀の略）

1900頃	族長たちの時代（15 Cとも）。
1480頃	カナン、エジプト（第18王朝）の支配下に。
14 C頃	カナンに「アピル」が出現。
1230頃	エジプト王メルエンプタハ、カナンに遠征。戦勝記念碑で「イスラエル」に言及。
13 C末	部族連合としてのイスラエルが形成（～12 C）。
12 C初	士師たちの時代（～1020）。
	ペリシテ人、地中海の島々からカナンに侵入、定着。

イスラエル統一王国

1020	サウル即位（王政の樹立）。
997	ダビデ即位（～967）、エルサレムに遷都、統一王国の完成。
967	ソロモン即位（～928）、エルサレム神殿の建設。

北王国（イスラエル）と南王国（ユダ）

928	ソロモンの死、王国の分裂。
882	北王国オムリ即位（～871）。サマリアに遷都。
871	北王国アハブ即位（～852）。バアル神の崇拝を強要。
842	北王国イエフによるクーデター（アハブ王家の滅亡）。

744　アッシリア、シリア・バビロニアを征服。

735　北王国、アラムと反アッシリア同盟を結び、南王国を攻撃（シリア・エフライム戦争）。南王国はアッシリアの属国に。

722　アッシリアによるサマリア陥落（北王国の滅亡）。

703　アッシリア王センナケリブ即位（～681）。ニネベに遷都。

701　アッシリア、南王国に侵攻。エルサレム陥落は逃れる。

672　アッシリア王エサルハドン、属国に忠誠の誓約を強いる。

668　アッシリア王アッシュルバニパル即位（～627）。エジプトを征服。

626　バビロニア、アッシリアから独立

620頃　南王国ヨシヤによる宗教改革。エルサレム神殿を唯一の聖所とし、ヤハウェ信仰を純化。

612　バビロニア・メディア連合軍によるニネベ陥落（アッシリアの滅亡）

597　バビロニア王ネブカドネツァル、南王国に侵攻し、王ヨヤキンと有力人物たちを連行（第一回バビロン捕囚）

587　バビロニアによるエルサレム陥落（南王国の滅亡、第二回バビロン捕囚）。一部の住民はエジプトに逃亡。

582　第三回バビロン捕囚。ディアスポラのはじまり。

555　アケメネス朝ペルシア、メディアから独立。

ペルシア時代

539　ペルシア王キュロスによるバビロン陥落（バビロニアの滅亡）。

538　キュロス、エルサレム帰還と神殿再建を許可。

520　ゼルバベル、エルサレム神殿の再建に着手（515完成）。

445　ネヘミヤ、ユダヤ総督としてエルサレムに派遣される。城壁を再建し、社会改革に着手（～433）。

398頃　エズラ、エルサレムに派遣され、律法と王の法律を布告（異説では458頃）。律法にもとづく共同体の秩序化。

4～3C　日常語としてアラム語が普及。

ヘレニズム時代

330　アレクサンドロス大王、シリア・パレスチナ・エジプトを支配（ペルシアの滅亡）。

ヘレニズム文化の流入が始まる。

270頃　アレクサンドリアで七十人訳ギリシア語聖書が成立。

198　セレウコス朝シリア、パレスチナを支配。

168　セレウコス王アンティオコス四世、エルサレム神殿を略奪し、ギリシア宗教を強要。マカバイの反乱（167～164）。

142　ユダヤ、シリアから独立。ハスモン朝の成立（～63）。

63　ローマ将軍ポンペイウス、エルサレムを占領。ユダヤはローマの属州シリアに併合。

＊原著に記されていない年代については、『世界史大年表　増補版』（山川出版社、2018年）に準拠した。

訳者略歴
久保田剛史（くぼた・たけし）
1974年生まれ
東京大学大学院人文社会系研究科博士課程単位取得退学
ボルドー第三大学文学部博士課程修了（文学博士）
青山学院大学教授
主要編著書
Montaigne lecteur de la Cité de Dieu d'Augustin（単著、Honoré Champion）
『キリスト教と寛容　中近世の日本とヨーロッパ』（共著、慶應義塾大学出版会）
『モンテーニュの言葉　人生を豊かにする365の名言』（編著、白水社）
主要訳書
A・ヴィアラ『作家の誕生』（共訳、藤原書店）
L・ドヴィレール『思想家たちの100の名言』（白水社文庫クセジュ）

文庫クセジュ　Q 1045
100語でわかる旧約聖書

2021年6月 1 日　印刷
2021年6月20日　発行
著　者　トーマス・レーマー
訳　者 © 久保田剛史
発行者　及川直志
印刷・製本　株式会社平河工業社
発行所　株式会社白水社
東京都千代田区神田小川町 3 の 24
電話　営業部　03 (3291) 7811 / 編集部　03 (3291) 7821
振替　00190-5-33228
郵便番号　101-0052
www.hakusuisha.co.jp

乱丁・落丁本は，送料小社負担にてお取り替えいたします.
ISBN978-4-560-51045-2
Printed in Japan

文庫クセジュ

哲学・心理学・宗教

114 プロテスタントの歴史
193 哲学入門
199 秘密結社
252 神秘主義
326 プラトン
342 ギリシアの神託
355 インドの哲学
362 ヨーロッパ中世の哲学
368 原始キリスト教
417 デカルトと合理主義
461 新しい児童心理学
474 無神論
487 ソクラテス以前の哲学
500 マルクス以後のマルクス主義
510 ギリシアの政治思想
535 占星術
542 ヘーゲル哲学
546 異端審問
558 伝説の国
576 キリスト教思想
594 ヨーガ
680 ドイツ哲学史
708 死海写本
733 死後の世界
738 医の倫理
739 心霊主義
751 ことばの心理学
754 パスカルの哲学
764 認知神経心理学
773 エピステモロジー
778 フリーメーソン
780 超心理学
789 ロシア・ソヴィエト哲学史
793 フランス宗教史
802 ミシェル・フーコー
807 ドイツ古典哲学
835 セネカ
848 マニ教
862 ソフィスト列伝
866 透視術
874 コミュニケーションの美学
880 芸術療法入門
892 新約聖書入門
900 サルトル
905 キリスト教シンボル事典
909 カトリシスムとは何か
910 宗教社会学入門
914 子どものコミュニケーション障害
931 フェティシズム
941 コーラン
944 哲学
954 性倒錯
956 西洋哲学史
960 カンギレム
961 喪の悲しみ
968 プラトンの哲学
973 100の神話で身につく一般教養
977 100語でわかるセクシュアリティ
978 ラカン

文庫クセジュ

文庫クセジュ

歴史・地理・民族（俗）学

816 コルシカ島
819 戦時下のアルザス・ロレーヌ
831 クローヴィス
842 コモロ諸島
856 インディヘニスモ
857 アルジェリア近現代史
858 ガンジーの実像
859 アレクサンドロス大王
861 多文化主義とは何か
865 ヴァイマル共和国
872 アウグストゥスの世紀
876 悪魔の文化史
879 ジョージ王朝時代のイギリス
882 聖王ルイの世紀
883 皇帝ユスティニアヌス
885 古代ローマの日常生活
889 バビロン
890 チェチェン
896 カタルーニャの歴史と文化
898 フランス領ポリネシア
902 ローマの起源
903 石油の歴史
904 カザフスタン
906 フランスの温泉リゾート
913 フランス中世史年表
915 クレオパトラ
918 ジプシー
922 朝鮮史
925 フランス・レジスタンス史
928 ヘレニズム文明
935 カルタゴの歴史
938 チベット
942 アクシオン・フランセーズ
943 大聖堂
945 ハドリアヌス帝
948 ディオクレティアヌスと四帝統治
951 ナポレオン三世
959 ガリレオ
962 100の地点でわかる地政学
964 100語でわかる中国
967 コンスタンティヌス
974 ローマ帝国
979 イタリアの統一
981 古代末期
982 ショアーの歴史
986 ローマ共和政
988 100語でわかる西欧中世
993 ペリクレスの世紀
995 第五共和制
1001 第一次世界大戦
1004 クレタ島
1005 古代ローマの女性たち
1007 文明の交差路としての地中海世界
1010 近東の地政学
1014 『百科全書』
1028 ヨーロッパとゲルマン部族国家
1032 コラボ＝対独協力者の粛清
1035 新聞・雑誌の歴史
1037 ローマ帝国の衰退